电力营销
典型作业票

国网浙江省电力有限公司　组编

中国电力出版社
CHINA ELECTRIC POWER PRESS

内 容 提 要

本书共四章，包括电力营销现场作业概述、电力营销典型作业票的填写和使用、电力营销典型作业场景及典型作业票应用、电力营销作业票的管理考核要求等内容，旨在提高电力营销一线作业人员填写工作票的规范性。

本书可作为供电企业营销一线作业人员岗位培训的专业教材，也可作为高职院校技能教材，还可作为营销安全管理人员的培训参考资料。

图书在版编目（CIP）数据

电力营销典型作业票 / 国网浙江省电力有限公司组
编. -- 北京：中国电力出版社，2024. 12. -- ISBN
978-7-5198-9341-5

Ⅰ. F426.61

中国国家版本馆 CIP 数据核字第 20249VJ844 号

出版发行：中国电力出版社
地　　址：北京市东城区北京站西街 19 号（邮政编码 100005）
网　　址：http://www.cepp.sgcc.com.cn
责任编辑：薛　红　张冉昕
责任校对：黄　蓓　马　宁
装帧设计：张俊霞
责任印制：石　雷

印　　刷：三河市万龙印装有限公司
版　　次：2024 年 12 月第一版
印　　次：2024 年 12 月北京第一次印刷
开　　本：787 毫米×1092 毫米　16 开本
印　　张：10.75
字　　数：221 千字
印　　数：0001—1000 册
定　　价：48.00 元

编 委 会

我国对安全生产非常重视，2002 年颁布了《中华人民共和国安全生产法》，2011 年发布了国家标准《电力安全工作规程（电力线路部分）》（GB 26859—2011）和《电力安全工作规程（发电厂和变电站电气部分）》（GB 26860—2011）。国家电网有限公司于 2013 年推行企业标准《国家电网公司电力安全工作规程（变电部分）》（Q/GDW 1799.1—2013）和《国家电网公司电力安全工作规程（线路部分）》（Q/GDW 1799.2—2013），2023 年印发了《国家电网有限公司电力安全工作规程　第 8 部分：配电部分》（Q/GDW 10799.8—2023），针对电网内部的安全规定已经比较成熟和完善。电力营销现场作业具有"点多面广、小杂分散、新型业务多"的特点，安全管理一直比较困难。

2020 年，为强化营销现场作业安全管理，切实保障人身和设备安全，国家电网有限公司颁发了《国家电网有限公司营销现场作业安全工作规程（试行）》（简称《营销安规》），建立了营销专业安全生产规范，在很大程度上弥补了长期营销专业安全管理方面的不足，使营销的专业安全管理水平上升到一个新的高度。通过一段时间的试行发现，各地在执行《营销安规》过程中标准不统一，执行的工作票种类不一致，安全风险点分析不到位，安全防范措施不完善；可能会导致营销作业过程中安全辨识不准确，风险防范措施落实不到位，引发安全事故。

为进一步规范营销现场作业安全管理，指导基层更好的应用《营销安规》开展工作，防范现场作业安全风险，将安全事故消灭在萌芽之前，使营销的专业安全管理水平上升到一个新的高度，国网浙江省电力有限公司开发了《电力营销典型作业票》培训教材。本书集中各地实施经验，在分析营销现场各类作业的特点、风险点及风险防范的基础上，以情景化、案例式展现营销现场作业工作票（卡）填写方法，规范工作票（卡）的选用与填写。

本书的出版希望能够帮助营销一线员工更好地理解营销现场作业风险点、工作票的选用以及工作票规范填写的具体要求，更快捷、正确地填写工作票，更好地防范营销现场作业风险；也希望本书内容对实际工作有所启发，得到推广应用。

由于时间仓促，加之水平有限，书中不当之处在所难免，敬请广大读者提出宝贵意见。

编者

2024 年 5 月

第一章

电力营销现场作业概述

为进一步提升电力营销现场作业安全管控能力，根据各类营销现场作业工作地点、工作性质、设备产权特点对电力营销现场作业类型进行了划分，明确营销现场作业风险点并提出针对性的防范措施，有助于深化营销安全风险分级管控和隐患排查治理，有效防范营销现场作业风险。

第一节　电力营销现场作业类型

电力营销现场作业是指由电力营销服务人员进行的业扩报装、电能计量、用电检查、分布式电源作业、智能用电、综合能源以及电能替代等现场工作。可分为电网侧营销现场作业和用户侧营销现场作业。

一、业扩报装现场工作

业扩报装现场工作涉及业扩报装现场勘查、中间检查、计量设备装拆、竣工验收、送电等环节，主要包括高压业扩报装竣工验收、高压业扩报装（停）送电、布式电源并网验收调试、低压业扩、分布式电源现场勘查、高压新装现场勘查、压增容现场勘查、高压业扩中间检查（上门服务）、地方电厂并网验收等。

二、电能计量现场工作

电能计量现场工作涉及电能计量装置更换、检验、故障处理等环节，主要包括高压互感器更换，低压互感器更换，互感器现场校验，接线盒更换，变电站电能表、终端装拆及更换，变电站电能表现场检验，变电站内二次回路现场检测，变电站计量装置故障处理，高压电能表、终端装拆及更换，高压电能表现场检验，二次回路现场检测，高压计量装置故障处理，计量箱更换、安装，低压采集运维，低压电能表、集中器的新装、更换、拆除，低压计量装置故障处理，低压电能表现场检验等。

三、用电检查现场工作

用电检查现场工作涉及安全检查、重大活动保电等环节，主要包括重要用户现场安全检查、周期检查、专项检查、窃电查处、违约用电查处、按政府要求协助重大活动相关用户开展巡视值守等。

四、分布式电源作业现场工作

分布式电源作业现场工作主要包括现场勘查、计量装置安装、并网验收等。

五、智能用电现场工作

智能用电现场工作主要包括充换站建设、充换电设备检修、充换电设备应急抢修等。

六、综合能源现场工作

综合能源现场工作主要包括综合能效、多能服务、新能源（屋顶光伏）建设、智能运维等。

七、电能替代现场工作

电能替代现场工作主要包括港口岸电、煤锅炉（窑炉）电能替代、电制冷及采暖等。

第二节　电力营销现场作业安全要求

电力营销现场作业必须严格执行安全组织措施和技术措施，严格工作计划刚性管理，严禁不具备资质人员从事相关工作，禁止擅自操作用户设备。用户电气设备停、送电前，应由用户停送电联系人与供电方相关人员共同确认，禁止约时停送电。所有工作人员不许单独进入、滞留在用户高压室和室外高压设备区内。用户侧现场作业时，应有熟悉设备情况的用户人员全程陪同。

安全组织措施包括现场勘察制度、工作票制度、工作许可制度、工作监护制度、工作间断、转移制度、工作终结制度，安全技术措施包括停电、验电、接地、悬挂标示牌和装设遮栏（围栏）。

一、电能计量相关工作安全要求

1. （新建）输变电工程计量相关工作

（1）变电站内计量验收等工作时，应要求施工方进行现场安全交底，做好相关安全技术措施，确认工作范围内的设备已停电、安全措施符合现场工作需要，明确设备带电与不带电部位、施工电源供电区域等。

（2）进入施工现场，应注意人体与高压设备带电部分应保持足够的安全距离。

（3）计量二次回路接线相关试验时，试验人员应具有试验专业知识，充分了解被试设备和所用试验设备、仪器的性能。试验设备应合格有效，不得使用有缺陷及有可能危及人身或设备安全的设备。

（4）通电试验过程中，试验和监护人员不得中途离开。

（5）试验电源应按电源类别、相别、电压等级合理布置，并在明显位置设立安全标志。

（6）在屏柜上拆接线时应在端子排外侧进行，拆开的线头应包好，并注意防止误碰其他运行回路，禁止将运行中的电流互感器二次回路开路及电压互感器二次回路短路、接地。

2. 电能表与采集终端的装拆、现场校验及相关工作

（1）电能表、采集终端装拆、调试时，宜断开各方面电源（含辅助电源）。若不停电进行，应做好绝缘包裹等有效隔离措施，防止误碰运行设备、误分闸。

（2）电源侧不停电更换电能表时，直接接入的电能表应将出线负荷断开，应有防止相间短路、相对地短路、电弧灼伤的措施。对于不具备电能表接插件的三相直接接入式计量箱，其三相直接接入式电能表装拆应停电进行。

（3）经互感器接入电能表的装拆、现场校验工作，应有防止电流互感器二次侧开路、电压互感器二次侧短路和防止相间短路、相对地短路、电弧灼伤的措施。

（4）现场校验时应认清设备接线标识，设专人监护，工作完毕接电后要进行检查核验，确保接线正确，接线时螺丝应紧固并充分接触。

（5）对可能发生误碰危险的安装位置，应对拆下的通信线进行包裹，作业人员不得直接触碰通信线导体部分。

3. 互感器的装拆、现场校验及相关工作

（1）互感器的安装、更换、拆除、现场校验应停电进行，一次侧有明显的断开点，二次回路断开。试验时操作人员应站在绝缘垫上并进行呼唱，有防止反送电、防止人员触电的措施。

（2）电流互感器和电压互感器的二次绕组应有一点且仅有一点永久性的、可靠的保护接地。低压电流互感器的二次回路不允许接地。工作中，禁止将回路的永久接地点断开。

（3）互感器二次回路通电或耐压试验前，应通知运维人员和其他有关人员，并派专人到现场看守，检查二次回路及一次设备上确无人工作后，方可加压。

（4）在带电的电流互感器二次回路上工作。应采取措施防止电流互感器二次侧开路。短路电流互感器二次绕组，应使用短路片或短路线，禁止用导线缠绕。

（5）在带电的电压互感器二次回路上工作，应采取防止电压互感器二次侧短路或接地措施。接临时负载，应装设专用的隔离开关（刀闸）和熔断器。

（6）在邻近带电线路进行吊装作业时，应由专人指挥，分工明确，并注意吊臂回转半径引起的安全风险。

4. 计量箱装拆及相关工作

（1）金属计量箱、配电箱应可靠接地且接地电阻应满足要求。作业人员在接触运

行中的金属计量箱前，应检查接地装置是否良好，并用验电笔确认其确无电压后，方可接触。

（2）当发现计量箱、配电箱箱体带电时，应断开上一级电源将其停电，查明带电原因，并作相应处理。

（3）高低压同杆架设，在低压带电线路上计量箱装拆时，应先检查与高压线的距离，采取防止误碰带电高压设备的措施。在低压带电导线未采取绝缘措施时，作业人员不准穿越。在不停电的计量箱工作，应采取防止相间短路和单相接地的绝缘隔离措施，拆除导线的裸露部分后，应立即进行绝缘包裹，不得触碰导线裸露部分。

（4）对计量箱门进行检查或操作时，作业人员应站至箱门侧面，防范计量箱内设备异常。箱门开启后应采取有效措施对箱门进行固定。

（5）公共区域内安装计量箱时，应可靠固定，并应注意与水、热、天然气等管线留有足够的安全距离。

二、业扩报装相关工作安全要求

1. 一般安全要求

（1）业扩报装工作中，营销服务人员在公司产权设备范围内进行现场作业，应填用相应工作票。

（2）业扩报装工作中，营销服务人员在非公司产权设备范围内进行现场作业，应填用现场作业工作卡或工作票。

（3）工作必须由用户方或施工方熟悉环境和电气设备的人员配合进行。要求用户方或施工方进行现场安全交底，做好相关安全技术措施；确认工作范围内的安全措施符合现场工作需要。

（4）涉及多专业、多班组参与的项目，应由业扩负责人组织用户方或施工方对工作现场进行统一安全交底，明确职责，各专业负责落实相关安全措施和责任。业扩负责人应做好现场协调工作。

2. 现场勘查

（1）现场勘查人员应掌握带电设备的位置，与带电设备保持足够安全距离，注意不要误碰、误动、误登运行设备。

（2）工作中严格履行监护制度，严禁移开或越过遮栏，严禁操作用户设备。

（3）用户设备状态不明时，均应视为带电设备。

（4）不得进行与现场勘查无关的工作。

3. 中间检查

（1）中间检查过程中，应注意现场警示标识，掌握带电设备的位置，与带电设备保持足够安全距离，注意不要误碰、误动、误登运行设备。

（2）不得进行与中间检查无关的工作。

4．竣工验收及送电

（1）经检验或检验不合格的用户受电工程，严禁接（送）电。严格履行用户设备送电程序，严禁新设备擅自投运或带电。发现违规擅自送电的用户受电工程，必须立即采取停电措施。

（2）送电前应采取措施防止形成交叉供电。

（3）送电工作的组织。

1）涉及多专业、多班组参与的项目，由现场负责人牵头，各相关专业技术人员参加，确定现场总指挥，成立工作小组，拟定接（送）电方案，接（送）电方案应事先告知参加人员。

2）35kV及以上业扩工程，应成立启动委员会，制订启动方案并按规定执行。35kV以下双电源、配有自备应急电源和用户设备部分运行的项目，应制订切实可行的投运启动方案。所有高压受电工程接电前，必须明确投运现场负责人，由现场负责人组织各相关专业技术人员参加，成立投运工作小组。由现场负责人组织开展安全交底和安全检查，明确职责，各专业分别落实相关安全措施并向负责人确认设备具备投运条件，不得进行与竣工验收及送电无关的工作。

三、用电检查相关工作

1．一般安全要求

（1）用电检查工作应填用现场作业工作卡。在按照有关法律法规开展用户侧用电检查（反窃查违）现场作业时，可不执行"双许可"制度，由供电方许可人许可后，即可开展用电检查（反窃查违）相关工作。

（2）到达检查现场后，应向用户表明身份、出示证件并说明来意，检查前应向用户了解现场安全情况，宜有用户电气负责人全程陪同。

（3）检查人员进入现场检查，应核准现场设备运行情况，明确安全检查通道，用电检查过程中应与带电线路和设备保持足够的安全距离。

（4）现场进行检查测试时，应实行工作监护制度，确保人身与设备安全。现场检查计量柜等带电设备时，应正确穿戴齐全且合格的劳动防护用品，检查高压带电设备时，不得强行打开闭锁装置。

2．用户设备巡视

（1）特殊气候条件下，如雷雨、大雾、大风等天气时，现场检查人员应避免户外设备巡视工作。

（2）检查人员应避免直接触碰设备外壳，如确需触碰，应在确保设备外壳可靠接地的条件下进行。

（3）按政府部门要求协助重大活动相关用户开展巡视值守，应遵守《国家电网有限公司营销现场作业安全工作规程（试行）》（简称《营销安规》）相关安全工作要求。

四、分布式电源相关工作

1．现场勘查

现场查勘时须核实设备运行状态，严禁工作人员擅自开启计量箱（柜）门或操作用户电气设备。

2．计量装置安装

计量装置安装应按照电能计量相关要求执行。

3．并网验收

（1）并网一般要求。

1）接入高压配电网的分布式电源，并网点应安装易操作、可闭锁、具有明显断开点、可开断故障电流的开断设备，电网侧应能接地。

2）接入低压配电网的分布式电源，并网点应安装易操作、具有明显开断指示、可具备开断故障电流能力的开断设备。

3）接入高压配电网的分布式电源用户进线开关、并网点开断设备应有名称和编号，并报电网管理单位备案。

4）装设于配电变压器低压母线处的反孤岛装置与低压总开关❶、母线联络开关间应具备操作闭锁功能。

（2）分布式电源并网前，电网管理单位应对并网点设备验收合格，并通过协议与用户明确双方安全责任和义务。

1）并网点用户产权开断设备应由用户操作。

2）检修时，双方应相互配合做好电网停电检修的隔离、接地、加锁或悬挂标示牌等安全措施，并明确并网点安全隔离方案。

（3）并网操作。

分布式电源现场设备应具有明显操作指示，便于操作及检查确认。

五、充换电服务相关工作

1．充换电设备安装、调试及接入

（1）充电站建设、充电设备安装应符合有关标准、规定要求。

（2）充电桩、整流柜等充换电设备带电前，本体外壳应可靠且明显接地。

（3）充换电设备准备启动时，其附近应设遮栏及安全标示牌，并派专人看守。

---

❶ 为适应一线员工工作实际，本书中断路器等设备统称为开关。

2．充换电站巡视

（1）充换电设备巡视人员每组不应少于两人。火灾、雷电、地震、台风、洪水、泥石流等灾害发生时，若需对充换电设备巡视，应得到充电设施管理单位（部门）批准。巡视人员与派出部门之间应保持通信畅通。

（2）巡视人员在巡视过程中发现充电机、充电桩外壳有漏电、设备响声异常、产生烟雾火花及严重缺陷时，应立即停止巡视，对充电桩进行断电处理，采取相应安全措施，并上报充电设施管理单位。

（3）巡视过程中，巡视人员不得单独开启箱（柜）门，开启箱（柜）门前应验电。

（4）巡视人员发现接地线和接地体连接不可靠或锈蚀严重问题，应立即上报，并停电进行现场处理，直至接地电阻重新测量合格，确保充电站接地系统良好。

3．充换电设备清扫保养

（1）充换电设备清扫作业每组不应少于两人，设备清扫需将充换电设备断电。

（2）清扫充换电设备精密元器件时，应戴防静电手套，防止造成元器件损坏。

（3）清扫风扇等设备时，严禁作业人员将手指伸入设备。

（4）一体式充电机进线或整流柜进线带电清扫时，应采取绝缘隔离措施防止相间短路或单相接地。

4．充换电站检修

（1）检修工作时，拆开的引线、断开的线头应采取绝缘包裹等遮蔽措施。因检修试验需要解开设备接头时，拆前应做好标记，接后应进行检查。

（2）变更接线或试验结束，应断开试验电源，并将升压设备的高压部分放电、短路接地。

（3）抢修消缺时，需断开充电机交流进线开关，并在进线开关设置隔离挡板，防止工器具或其他物体掉落引发短路故障。

（4）充换电设备断电后，需等待 2～3min，待充电机所有信号指示灯熄灭后，经验电确定无电后方可进行作业。

5．现场充（换）电服务

（1）充电操作前，应检查充电设备是否运行正常，严禁在桩体损坏、正在检修的设备上进行充电操作。

（2）充电时应将充电枪完全插入充电口内，避免因雨淋漏电造成人身伤亡或设备损害。

（3）充电时发生电池高温告警、充电模块高温告警等危及设备和人身安全的情况，应立即按下急停按钮，严禁拔出正在充电的充电枪。

（4）充电完成后，应将充电枪归位放好。巡视人员进行巡视工作时，应将未归位充电枪及时归位。

六、综合能源相关工作

1. 综合能效

（1）电缆安装及敷设。

1）在电缆沟等有限空间作业，应在作业入口处设专责监护人，坚持"先通风、再检测、后作业"的原则，保持通风良好。出入口应保持畅通并设置明显的安全警示标志，夜间应设警示红灯。

2）线盘架设应选用与线盘相匹配的放线架，且架设平稳。放线人员应站在线盘的侧后方。当放到线盘上的最后几圈时，应采取相应措施防止电缆突然蹦出。

3）电缆敷设时，盘边缘距地面不得小于 100mm，电缆盘转动力量要均匀，速度要缓慢平稳。

4）电缆敷设应由专人指挥、统一行动，并有明确的联系信号，不得在无指挥信号时随意拉引，以防人员肢体受伤。

5）电缆通过孔洞、管子或楼板时，两侧应设专人监护。入口侧应防止电缆被卡或手被带入孔内，出口侧的人员不得在正面接引。

6）电缆敷设时，拐弯处的作业人员应站在电缆外侧。

7）电缆敷设时，临时打开的孔洞应设围栏或安全标志，完工后立即封闭。

8）进入带电区域内敷设电缆时，应取得运维单位同意，设专人监护，采取安全措施，保持安全距离，防止误碰运行设备，不得踩踏运行电缆。

9）电缆穿入带电的盘柜前，电缆端头应做绝缘包扎处理，电缆穿入时盘上应有专人接引，严防电缆触及带电部位及运行设备。

10）运行屏内进行电缆施工时，应设专人监护，做好带电部分遮挡，核对完电缆芯线后应及时包扎好芯线金属部分，防止误碰带电部分，并及时清理现场。

11）电缆敷设经过的建筑隔墙、楼板、电缆竖井，以及屏、柜、箱下部电缆孔洞间均应封堵。

（2）二次回路上的工作。涉及的二次回路上的工作应按照相关要求执行。

（3）采集终端的安装。采集终端安装工作应按照相关要求执行。

（4）互感器的安装。互感器安装工作应按照相关要求执行。

（5）能源服务网关安装。网关箱体应具备良好的抗冲击、防腐蚀和防雨能力，并具备加封、加锁位置。网关箱接地线应以软导线与接地的金属构架可靠连接，软导线应选用 $4mm^2$ 及以上的单股多芯铜导线。

（6）调试检查。对可能发生误碰危险的安装位置，应将拆下的通信线用绝缘胶布进行包扎，作业人员不得直接触碰通信线导体部分。

2．多能服务

（1）设备材料进场及设备安装。

1）设备吊装前，操作人员应掌握设备的重量、平台受力情况等，起重指挥人员与汽车吊驾驶员及时沟通，汽车吊的坐车、出杆须仔细计算，避开周围建筑。

2）起重用各机具必须经过安全性检查，对于吊装的吊具、绳索、措施构件等应进行试吊，确认安全可靠后方可行吊装，防止断索、脱钩、失稳等安全事故的发生。

3）起吊作业时，无关人员不得接近吊装区域并设专人监护。

（2）管道、支架安装。

1）作业过程中必须安全使用临时电源，应从指定电源处取电。焊接和切割作业必须佩戴好防护面罩、防切割手套等劳动防护用品。

2）临时配电箱必须装有独立的漏电保护开关，禁止多台焊机、电动工具共用一个电源开关，配电箱都应接零（接地）。

3）电焊机一次线开关应装在便于操作的地方，一次线长一般不大于 5m，周围应留有安全通道。电焊机外露的带电部分和裸露接线柱必须有完好的防护罩，二次线的接头应连接牢固。

（3）配电柜安装。

1）配电柜安装时，作业人员应动作轻慢，防止振动，与运行盘柜相连固定时，不得敲打盘柜。

2）进入带电区域内敷设电缆时，应取得运维单位同意，设专人监护，采取安全措施，保持安全距离，防止误碰运行设备，不得踩踏运行电缆。

（4）设备调试。

1）配电柜送电前，检查柜内接线正确，各分支开关处于分闸状态，送电后测量电压正常，零线和接地线无电压。

2）单机测试前，检查设备处于完好状态，运转的设备运转部分周围没有妨碍物。设备启动时，严禁人员站在设备周围，设备运行正常后方可上前检查。

3）单机测试时，设备急停按钮或者配电柜前必须配备应急操作人员，一旦发现设备故障或其他不安全现象，应立即停止设备或电源。

4）无生产负荷的联合试运转及调试，应在设备单机试运转合格后进行。空调、供热水系统、监测与控制系统以及供能系统等应满足调试使用要求。

3．新能源（屋顶光伏）建设

（1）光伏支架焊接。

1）焊接时应戴护目镜，穿工作服，手套、绝缘鞋应符合专用防护用品要求。

2）注意通风，应采取相应措施排除有害气体、粉尘和烟雾等。

3）正确接线后，必须经过检查方可送电，并应有人监护。

4）使用前必须对电焊机的二次线及接头进行检查，合格后方能使用。

5）电焊机外壳按规定进行可靠接地。使用的电源盘必须带漏电保护装置，使用前必须检验其可靠性。

（2）光伏组件安装。

1）作业开始时，应由两人将组件板抬于支架上，禁止单人挪用组件板，并按照图纸规划安放牢固。

2）进行组件接线施工时，施工人员应正确使用安全防护用品，不得触碰金属带电部位。

3）对组串完成但不具备接引条件的部位，应进行绝缘包裹。

4）当组件有电流或具有外部电源时，不得连接或断开组件。

（3）在潮湿或风力较大的情况下，禁止进行安装或操作光伏组件。

（4）在屋顶及其他危险的边沿工作，临空一面应装设安全网或防护栏杆，否则，作业人员应使用安全带。

（5）汇流箱安装前，应先对其内部各元件做绝缘测试。

（6）在安装汇流箱和交流并网配电柜时，除接线端子外，不得接触机箱内部的其他部分。

4. 智能运维

（1）定期巡检。

1）严禁随意动用设备闭锁万能钥匙。

2）发现设备缺陷及异常时，应及时汇报并采取必要应急措施，不得擅自处置。

3）汛期、雨雪、大风等恶劣天气或事故巡视应配备必要的防护用具、自救器具和药品；夜间巡视应保持足够的照明。

（2）安装调试。

1）智能采集设备安装调试在电气设备二次系统上的工作参照《营销安规》8.2节相关要求执行。

2）智能采集设备安装宜停电进行，若不停电进行，应戴护目镜，并保持对地绝缘。在高压配电设备上工作时，应有防止误动的安全措施。

3）所有未接地或未采取可靠隔离措施的设备都应视为带电设备，禁止直接触碰导体的裸露部分。

4）智能采集设备安装调试工作中需带电拆接导线时，应先断开负荷，拆接导线后应确认导线的接触是否良好、牢固。

（3）设备检修与故障抢修。

1）相关容性、感性设备检修、试验前后应充分放电。

2）在设备检修工作中使用的检修电源应装设过载自动跳闸装置及漏电保护装置，使用自备发电机做检修电源的，应保证发电机接地点可靠接地。

3）开关拉出后应将柜门锁闭，禁止擅自开启。

七、电能替代相关工作

1. 港口岸电

（1）工作过程中应与带电线路和设备保持足够的安全距离。

（2）巡视设备禁止变更检修现场安全措施，禁止改变检修设备状态。巡视过程中发现设备缺陷应及时汇报并采取必要应急措施，不得擅自处置。

（3）大雨雷电、大风大浪等恶劣天气禁止开展室外工作。

（4）工作过程中，不准跨越船档，上岸、下船时应注意周围环境，防止踏空等意外情况发生。

（5）临水工作时，应穿戴救生衣及防滑鞋，不得单人进行临水工作。

2. 煤锅炉（窑炉）电能替代

（1）现场收资调研勘查时，应按照现场勘察要求执行；为用户开展业扩报装时，应按照现场勘察要求执行。工作过程中应由熟悉设备情况的用户人员全程陪同，使用巡检通道。

（2）应避免直接接触炉膛/窑体、烟道内的烟尘，防止中毒。

（3）应避免直接接触锅炉主蒸汽管道、窑炉出口成品（或半成品），防止烫伤。

（4）现场有压力容器时，应在熟悉现场环境且有特种设备运维检修相关资质的人员陪同下进入现场。

（5）锅筒、窑炉相关设备有明显变形、鼓包、泄漏时，不得进入现场工作。

（6）不宜在锅炉/窑炉调试、检修、维护、保养等非正常运行工况时进入现场。

（7）涉及锅炉等特种设备时，施工单位应具有相关许可证，将拟进行的特种设备安装、改造、重大修理情况告知当地政府负责部门并申请监督检验后，方可施工。

（8）进入锅炉/窑炉设备内部作业时，应安排专人监护，同时应有可靠的联络措施，明确作业时间。

（9）进入锅炉的锅筒/窑炉和潮湿烟道内工作应使用电灯照明，安全行灯电压不超过24V；在比较干燥的烟道内行灯电压不宜超过36V，不得使用明火照明。

3. 电制冷及采暖

（1）开展现场调研勘查时，应按照现场勘察要求执行。增容时应按《营销安规》第13章相关要求开展业扩报装业务。

（2）当现场运行设备发生安全装置故障、压力表异常、阀门漏气等异常情况时，应查明原因，严禁直接开展现场工作。

（3）现场作业时应注意检查电制冷设备安全阀铅封标记是否损坏、是否发生泄漏等情况，作业现场严禁任意启封和调整安全阀。

（4）现场作业发生安全阀起跳事件时，应进行紧急停机处理，待安全阀自动关闭后，再进行相应的检查和处理。

第三节　电力营销现场作业危险点分析和防范措施

本节对电力营销生产作业存在的危险点进行了分析，并制订了针对性的防范措施，包括通用部分以及电能计量、业扩报装、用电检查、综合能源等不同作业类型。

一、通用部分

通用部分包括电力营销各类现场作业均可能遇到的危险点及相应的防范措施，电力营销现场作业危险点分析和防范措施通用部分见表1-1。

表1-1　　　　　　　　电力营销现场作业危险点和防范措施通用部分

序号	现场安全作业危险点	防范措施
1	作业现场未按规定使用工作票，工作票不按规定签名	严格履行工作票制度，正确选用工作票种类，正确填写、签发和使用工作票
2	作业现场未按规定召开开工会，对工作任务、危险点及预控措施不清楚，即开展作业	按规定召开开工会，工作负责人交代工作任务、危险点及预控措施，工作班成员掌握清楚后签字确认
3	作业现场未按要求设置围栏，作业人员擅自穿越、跨越安全围栏或超越安全警戒线，误入带电间隔或误操作设备	1. 按要求悬挂标示牌和装设遮栏（围栏）。 2. 工作负责人加强监护，监督工作班成员遵守规程，正确使用安全工器具，正确执行现场安全措施，及时制止工作人员的违章行为。 3. 严禁擅自对设备进行解锁
4	使用未经检验合格或超过检测周期的施工机械、安全工器具进行作业（操作）	建立施工机械和安全工器具台账，并定期试验，检验合格后方可使用
5	使用不合格的个人防护用品，或使用的防护用品不齐全。进入作业现场未按规定正确佩戴安全帽、着装	1. 进入作业现场，必须穿全棉长袖工作服、绝缘鞋（靴）、戴安全帽，低压作业戴低压作业防护手套。 2. 工作负责人监督工作班成员正确使用劳动防护用品
6	擅自操作用户设备	明确产权分界点，加强监护，严禁操作用户设备
7	作业现场工作查看带电设备时，安全措施不到位，安全距离无法保证	与带电设备保持规定的安全距离，严禁移开或越过遮栏，不得进行和现场勘察无关的工作
8	停电作业不按规定装、拆接地线，装设接地线前不验电，擅自拆除接地线，变更接地线所在位置	严格执行安全工作的技术措施，做好停电、验电、挂接地线等措施。未做好技术措施，不得开工
9	使用未装设或装设不合格的"一机一闸一保护"措施的施工机械、电动工具	配置使用合格的施工机械、电动工具
10	现场工作时，分布式电源、储能等装置突然反向送电	1. 严格执行安全工作的技术措施，做好停电、验电、挂接地线等措施。 2. 检查闭锁装置，加强闭锁管理。 3. 掌握工作现场情况和电气设备接线、运行状态，采取防止意外来电和误碰带电设备的安全措施
11	接触金属表箱前未进行验电	工作前要使用验电笔对金属计量箱、终端箱外壳及金属裸露部分进行验电，并确认计量箱外壳可靠接地

续表

序号	现场安全作业危险点	防范措施
12	从事高处作业未按规定正确使用安全带等高处防坠用品或装置	1. 安全带的挂钩或绳子应挂在结实牢固的构件上，或专为挂安全带用的钢丝绳上，并应采用高挂低用的方式。 2. 安全带和专作固定安全带的绳索在使用前应进行外观检查。安全带应定期检验，不合格者不得使用。 3. 作业人员作业过程中，应随时检查安全带是否拴牢。高处作业人员在转移作业位置时不得失去安全保护。 4. 腰带和保险带、绳应有足够的机械强度，材质应耐磨，卡环（钩）应具有保险装置，操作应灵活。保险带、绳使用长度在3m以上的应加缓冲器。
13	高空抛物，未正确使用工具袋及绳索传递物品	高处作业应使用工具袋。上下传递材料、工器具应使用绳索；邻近带电线路作业的，应使用绝缘绳索传递，较大的工具应拴在牢固的构件上
14	在梯子上作业，无人扶梯子或梯子架设在不稳定的支持物上，梯子无防滑措施	1. 梯子应坚固完整，有防滑措施。梯子的支柱应能承受攀登时作业人员及所携带的工具、材料的总重量。 2. 单梯的横档应嵌在支柱上，并在距梯顶1m处设限高标志。使用单梯工作时，梯与地面的斜角度约为60°。 3. 梯子不宜绑接使用。人字梯应有限制开度的措施。 4. 人在梯子上时，禁止移动梯子
15	工作负责人（专责监护人）不认真履行监护职责，从事与监护无关的工作	工作负责人应正确组织工作。工作前，对工作班成员进行工作任务、安全措施交底和危险点告知，并确认每个工作班成员都已签名。组织执行工作票所列由其负责的安全措施。关注工作班成员身体状况和精神状态是否出现异常迹象，人员变动是否合适
16	在人行道口或人口密集区从事高处作业，工作地点下方不设围栏、未设专人看守戴采取其他安全措施	城区、人口密集区或交通道口和通行道路上施工时，工作场所周围应装设遮栏（围栏），并在相应部位装设警告标示牌。必要时，派人看管
17	动火作业不按规定办理或执行动火工作票	动火作业按规定办理或执行动火工作票
18	高压配电装置带电部分对地距离不能满足规程规定且未采取措施	1. 高压配电线路、设备的导电部分对地高度小于安全距离，该裸露部分底部和两侧应装设护网。 2. 高压配电线路、设备所在场所的行车通道上，若车辆（包括装载物）外廓至无遮栏带电部分之间小于安全距离，应在附近设置相应限高标志。 3. 室内母线分段部分、母线交叉部分及部分停电检修易误碰有电设备的，应设有明显标志的永久性隔离挡板（护网）
19	电力设备拆除后，仍留有带电部分未处理	电力设备拆除后，采取断电隔离措施，严禁不按规定程序私自送电，杜绝不采取安全措施及强制解锁等违章行为
20	工作人员注意力不集中，未注意地面的沟、洞和施工机械，从事与工作无关的事情	工作人员应保持精力集中，注意地面的沟、坑、洞和基建设备等，防止摔伤、碰伤
21	接线时，螺丝应紧固并充分接触	加强作业过程中的监护、检查，防止接线时接不牢固或错误引起的设备损坏

二、电能计量

（一）高压互感器装拆及更换

高压互感器装拆及更换作业过程中存在人身触电、跌落摔伤等风险点，宜采取严禁电压互感器二次短路或接地、严禁电流互感器二次回路开路等防范措施，详见表1-2。

表1-2　　　　　　　　　　高压互感器装拆及更换危险点和防范措施

序号	现场安全作业危险点	宜采取的防范措施
1	意外伤害	穿全棉长袖工作服和绝缘鞋，正确佩戴安全帽
2	未使用全绝缘工具，导致操作时发生相间或相对地短路	使用绝缘工具，戴手套和护目镜，站在绝缘垫上，保持对地绝缘
3	误入带电间隔、误触运行设备造成人身触电	在工作地点悬挂"在此工作"标示牌，在互感器四周装设遮栏或围栏并悬挂"止步，高压危险"标示牌
4	误碰带电设备，造成人身触电	与带电设备保持规定的安全距离
5	误碰带电设备、误分闸，造成人身触电	工作时应有专人监护，禁止将回路的安全接地点断开
6	反送电造成人身触电	确认互感器各侧隔离开关（刀闸）处于分闸状态，各方面电源有明显断开点，并可靠接地，在隔离开关（刀闸）操作把手上悬挂"禁止合闸，有人工作"标示牌
7	高处作业跌落摔伤	登高使用梯子时，梯子与地面的角度为60°左右，并有可靠的防滑措施，在梯子上的站立位置不超过梯子限高标志
8	高处坠物	登高作业应系好安全带，禁止将工器具及材料上下投掷，应用绳索拴牢传递
9	人身触电	严禁电压互感器二次短路或接地；严禁电流互感器二次回路开路；短路电流互感器二次绕组，应使用短路片或短路线，禁止用导线缠绕；接临时负载，应装设专用的隔离开关（刀闸）和熔断器；工作时，拆开的引线、断开的线头应采取绝缘包裹等遮蔽措施
10	接线误拆或产生寄生回路	无用的接线应隔离清楚，防止误拆或产生寄生回路

（二）低压互感器装拆及更换

低压互感器装拆及更换作业过程中存在人身触电、短路等风险点，宜采取未经验明线路和设备确无电压，禁止触碰导体裸露部分等防范措施，详见表1-3。

表1-3　　　　　　　　　　低压互感器装拆及更换危险点和防范措施

序号	现场安全作业危险点	宜采取的防范措施
1	意外伤害	穿全棉长袖工作服和绝缘鞋，正确佩戴安全帽
2	未使用全绝缘工具，导致操作时发生相间或相对地短路	使用绝缘工具，戴手套和护目镜，站在绝缘垫上，保持对地绝缘
3	误入带电间隔、误触运行设备造成人身触电	在工作地点悬挂"在此工作"标示牌，在互感器四周装设遮栏或围栏并悬挂"止步，高压危险"标示牌
4	误碰带电设备，造成人身触电	与带电设备保持规定的安全距离
5	误碰带电设备、误分闸，造成人身触电	工作时应有专人监护，禁止将回路的安全接地点断开
6	反送电造成人身触电	确认互感器各侧隔离开关（刀闸）处于分闸状态，各方面电源有明显断开点，并可靠接地，在隔离开关（刀闸）操作把手上悬挂"禁止合闸，有人工作"标示牌
7	高处作业跌落摔伤	登高使用梯子时，梯子与地面的角度为60°左右，并有可靠的防滑措施，在梯子上的站立位置不超过梯子限高标志

序号	现场安全作业危险点	宜采取的防范措施
8	高处坠物	登高作业应系好安全带，禁止将工器具及材料上下投掷，应用绳索拴牢传递
9	人身触电	严禁电压互感器二次短路或接地；严禁电流互感器二次回路开路；短路电流互感器二次绕组，应使用短路片或短路线，禁止用导线缠绕；接临时负载，应装设专用的隔离开关（刀闸）和熔断器；工作时，拆开的引线、断开的线头应采取绝缘包裹等遮蔽措施
10	接线误拆或产生寄生回路	无用的接线应隔离清楚，防止误拆或产生寄生回路
11	人身触电	未经验明线路和设备确无电压，禁止触碰导体裸露部分

（三）互感器现场校验

互感器现场校验作业过程中存在人身触电、短路、跌落摔伤等风险点，宜采取严禁电压互感器二次短路或接地、严禁电流互感器二次回路开路等防范措施，详见表1-4。

表 1-4　　　　　　　　　　　　互感器现场校验危险点和防范措施

序号	现场安全作业危险点	宜采取的防范措施
1	意外伤害	穿全棉长袖工作服和绝缘鞋，正确佩戴安全帽
2	未使用全绝缘工具，导致操作时发生相间或相对地短路	使用绝缘工具，戴手套和护目镜，站在绝缘垫上，保持对地绝缘
3	误入带电间隔、误触运行设备造成人身触电	在工作地点悬挂"在此工作"标示牌，在互感器四周装设遮栏或围栏并悬挂"止步，高压危险"标示牌
4	误碰带电设备，造成人身触电	与带电设备保持规定的安全距离
5	误碰带电设备、误分闸，造成人身触电	工作时应有专人监护，禁止将回路的安全接地点断开
6	反送电造成人身触电	确认互感器各侧隔离开关（刀闸）处于分闸状态，各方面电源有明显断开点，并可靠接地，在隔离开关（刀闸）操作把手上悬挂"禁止合闸，有人工作"标示牌
7	高处作业跌落摔伤	登高使用梯子时，梯子与地面的角度为60°左右，并有可靠的防滑措施，在梯子上的站立位置不超过梯子限高标志
8	高处坠物	登高作业应系好安全带，禁止将工器具及材料上下投掷，应用绳索拴牢传递
9	人身触电	严禁电压互感器二次短路或接地；严禁电流互感器二次回路开路；短路电流互感器二次绕组，应使用短路片或短路线，禁止用导线缠绕；接临时负载，应装设专用的隔离开关（刀闸）和熔断器；工作时，拆开的引线、断开的线头应采取绝缘包裹等遮蔽措施
10	接线误拆或产生寄生回路	无用的接线应隔离清楚，防止误拆或产生寄生回路

（四）接线盒更换

接线盒更换作业过程中存在相间短路、相对地短路、电弧灼伤等风险点，宜采取做好防止相间短路、相对地短路和电弧灼伤措施等防范措施，详见表1-5。

表 1-5 接线盒更换危险点和防范措施

序号	现场安全作业危险点	宜采取的防范措施
1	意外伤害	穿全棉长袖工作服和绝缘鞋，正确佩戴安全帽
2	未使用全绝缘工具，导致操作时发生间相或相对地短路	使用绝缘工具，戴手套和护目镜，并保持对地绝缘
3	误入带电间隔、误触运行设备造成人身触电	在工作地点应装设遮栏或围栏，遮栏或围栏与设备高压部分应有足够的安全距离，向外悬挂"在此工作""止步，高压危险！"标示牌，并派专人看守
4	误碰带电设备，造成人身触电	与带电设备保持规定的安全距离
5	误碰带电设备、误分闸，造成人身触电	工作时应有专人监护，禁止将回路的安全接地点断开
6	反送电造成人身触电	确认各方面电源有明显断开点，并可靠接地，在隔离开关（刀闸）操作把手上悬挂"禁止合闸，有人工作"标示牌
7	高处作业跌落摔伤	登高使用梯子时，梯子与地面的角度为60°左右，并有可靠的防滑措施，在梯子上的站立位置不超过梯子限高标志
8	高处坠物	登高作业应系好安全带，禁止将工器具及材料上下投掷，应用绳索拴牢传递
9	人身触电	严禁电压互感器二次短路或接地；严禁电流互感器二次回路开路
10	相间短路、相对地短路、电弧灼伤	做好防止相间短路、相对地短路和电弧灼伤措施

（五）变电站内电能表、终端装拆及更换

变电站内电能表、终端装拆及更换作业过程中存在相间短路、相对地短路、电弧灼伤等风险点，宜采取做好防止相间短路、相对地短路和电弧灼伤措施等防范措施，详见表 1-6。

表 1-6 变电站内电能表、终端装拆及更换危险点和防范措施

序号	现场安全作业危险点	宜采取的防范措施
1	意外伤害	穿全棉长袖工作服和绝缘鞋，正确佩戴安全帽
2	未使用全绝缘工具，导致操作时发生相间或相对地短路	使用绝缘工具，戴手套和护目镜，并保持对地绝缘
3	误入带电间隔、误触运行设备造成人身触电	在工作地点应装设遮栏或围栏，遮栏或围栏与校验设备高压部分应有足够的安全距离，向外悬挂"在此工作""止步，高压危险！"标示牌，并派专人看守
4	误碰带电设备，造成人身触电	与带电设备保持规定的安全距离
5	误碰带电设备、误分闸，造成人身触电	工作时应有专人监护，禁止将回路的安全接地点断开
6	反送电造成人身触电	确认各方面电源有明显断开点，并可靠接地，在隔离开关（刀闸）操作把手上悬挂"禁止合闸，有人工作"标示牌
7	高处作业跌落摔伤	登高使用梯子时，梯子与地面的角度为60°左右，并有可靠的防滑措施，在梯子上的站立位置不超过梯子限高标志
8	高处坠物	登高作业应系好安全带，禁止将工器具及材料上下投掷，应用绳索拴牢传递
9	相间短路、相对地短路、电弧灼伤	做好防止相间短路、相对地短路和电弧灼伤措施
10	人身触电	严禁电压互感器二次短路或接地；严禁电流互感器二次回路开路；禁止在变电站内操作、拉合与工作无关的检修断路器（开关）；禁止对运用中的非计量设备、信号系统、保护压板（连接片）进行操作

（六）变电站内电能表现场检验

变电站内电能表现场检验作业过程中存在人身触电等风险点，宜采取严禁电压互感器二次短路或接地、严禁电流互感器二次回路开路等防范措施，详见表1-7。

表1-7　　　　　　　　　变电站内电能表现场检验危险点和防范措施

序号	现场安全作业危险点	宜采取的防范措施
1	意外伤害	穿全棉长袖工作服和绝缘鞋，正确佩戴安全帽
2	未使用全绝缘工具，导致操作时发生相间或相对地短路	使用绝缘工具，戴手套和护目镜，站在绝缘垫上，保持对地绝缘
3	误入带电间隔、误触运行设备造成人身触电	校验现场应装设遮栏或围栏，遮栏或围栏与校验设备高压部分应有足够的安全距离，向外悬挂"止步，高压危险！"标示牌，并派专人看守
4	误碰带电设备，造成人身触电	与带电设备保持规定的安全距离
5	误碰带电设备、误分闸，造成人身触电	工作时应有专人监护，禁止将回路的安全接地点断开
6	高处作业跌落摔伤	登高使用梯子时，梯子与地面的角度为60°左右，并有可靠的防滑措施，在梯子上的站立位置不超过梯子限高标志
7	高处坠物	登高作业应系好安全带，禁止将工器具及材料上下投掷，应用绳索拴牢传递
8	接线误拆或产生寄生回路	无用的接线应隔离清楚，防止误拆或产生寄生回路
9	人身触电	严禁电压互感器二次短路或接地； 严禁电流互感器二次回路开路； 短路电流互感器二次绕组，应使用短路片或短路线，禁止用导线缠绕； 接临时负载，应装设专用的隔离开关（刀闸）和熔断器； 工作时，拆开的引线、断开的线头应采取绝缘包裹等遮蔽措施； 未经验明线路和设备确无电压，禁止触碰导体裸露部分； 禁止在变电站内操作、拉合与工作无关的检修断路器（开关）； 禁止对运用中的非计量设备、信号系统、保护压板（连接片）进行操作

（七）变电站内二次回路现场检测

变电站内二次回路现场检测作业过程中存在人身触电等风险点，宜采取严禁电压互感器二次短路或接地、严禁电流互感器二次回路开路等防范措施，详见表1-8。

表1-8　　　　　　　　　变电站内二次回路现场检测危险点和防范措施

序号	现场安全作业危险点	宜采取的防范措施
1	意外伤害	穿全棉长袖工作服和绝缘鞋，正确佩戴安全帽
2	未使用全绝缘工具，导致操作时发生相间或相对地短路	使用绝缘工具，戴手套和护目镜，站在绝缘垫上，保持对地绝缘
3	误入带电间隔、误触运行设备造成人身触电	校验现场应装设遮栏或围栏，遮栏或围栏与校验设备高压部分应有足够的安全距离，向外悬挂"止步，高压危险！"标示牌，并派专人看守
4	误碰带电设备，造成人身触电	与带电设备保持规定的安全距离
5	误碰带电设备、误分闸，造成人身触电	工作时应有专人监护，禁止将回路的安全接地点断开

序号	现场安全作业危险点	宜采取的防范措施
6	高处作业跌落摔伤	登高使用梯子时，梯子与地面的角度为 60°左右，并有可靠的防滑措施，在梯子上的站立位置不超过梯子限高标志
7	高处坠物	登高作业应系好安全带，禁止将工器具及材料上下投掷，应用绳索拴牢传递
8	接线误拆或产生寄生回路	无用的接线应隔离清楚，防止误拆或产生寄生回路
9	人身触电	严禁电压互感器二次短路或接地； 严禁电流互感器二次回路开路； 短路电流互感器二次绕组，应使用短路片或短路线，禁止用导线缠绕； 接临时负载，应装设专用的隔离开关（刀闸）和熔断器； 工作时，拆开的引线、断开的线头应采取绝缘包裹等遮蔽措施； 未经验明线路和设备确无电压，禁止触碰导体裸露部分 禁止在变电站内操作、拉合与工作无关的检修断路器（开关）； 禁止对运用中的非计量设备、信号系统、保护压板（连接片）进行操作

（八）变电站内计量装置故障处理

变电站内计量装置故障处理作业过程中存在人身触电等风险点，宜采取严禁电压互感器二次短路或接地、严禁电流互感器二次回路开路等防范措施，详见表1-9。

表 1-9　　　　　　　变电站内计量装置故障处理危险点和防范措施

序号	现场安全作业危险点	宜采取的防范措施
1	意外伤害	穿全棉长袖工作服和绝缘鞋，正确佩戴安全帽
2	未使用全绝缘工具，导致操作时发生相间或相对地短路	使用绝缘工具，戴手套和护目镜，站在绝缘垫上，保持对地绝缘
3	误入带电间隔、误触运行设备造成人身触电	在工作地点应悬挂"在此工作"标示牌，相邻间隔悬挂"止步，高压危险！"标示牌，并派专人看守
4	误碰带电设备，造成人身触电	与带电设备保持规定的安全距离
5	误碰带电设备、误分闸，造成人身触电	工作时应有专人监护，禁止将回路的安全接地点断开
6	高处作业跌落摔伤	登高使用梯子时，梯子与地面的角度为 60°左右，并有可靠的防滑措施，在梯子上的站立位置不超过梯子限高标志
7	高处坠物	登高作业应系好安全带，禁止将工器具及材料上下投掷，应用绳索拴牢传递
8	接线误拆或产生寄生回路	无用的接线应隔离清楚，防止误拆或产生寄生回路
9	人身触电	严禁电压互感器二次短路或接地； 严禁电流互感器二次回路开路； 短路电流互感器二次绕组，应使用短路片或短路线，禁止用导线缠绕； 接临时负载，应装设专用的隔离开关（刀闸）和熔断器； 工作时，拆开的引线、断开的线头采取绝缘包裹等遮蔽措施； 未经验明线路和设备确无电压，禁止触碰导体裸露部分； 禁止在变电站内操作、拉合与工作无关的检修断路器（开关）； 禁止对运用中的非计量设备、信号系统、保护压板（连接片）进行操作

（九）高压电能表、终端装拆及更换

高压电能表、终端装拆及更换作业过程中存在人身触电等风险点，宜采取严禁电压互感器二次短路或接地、严禁电流互感器二次回路开路等防范措施，详见表1-10。

表1-10　　　　　　　　　　高压电能表、终端装拆及更换危险点和防范措施

序号	现场安全作业危险点	宜采取的防范措施
1	意外伤害	穿全棉长袖工作服和绝缘鞋，正确佩戴安全帽
2	未使用全绝缘工具，导致操作时发生相间或相对地短路	使用绝缘工具，戴手套和护目镜，站在绝缘垫上，保持对地绝缘
3	误入带电间隔、误触运行设备造成人身触电	工作现场应装设遮栏或围栏，遮栏或围栏与设备高压部分应有足够的安全距离，向外悬挂"止步，高压危险！"标示牌，并派专人看守
4	误碰带电设备，造成人身触电	应断开所有可能送电到线路的断路器（开关）、负荷开关、隔离开关（刀闸）和熔断器，验电、接地后方可工作
5	误碰带电设备、误分闸，造成人身触电	与带电设备保持规定的安全距离
6	高处作业跌落摔伤	工作时应有专人监护，禁止将回路的安全接地点断开
7	高处坠物	登高使用梯子时，梯子与地面的角度为60°左右，并有可靠的防滑措施，在梯子上的站立位置不超过梯子限高标志
8	人身触电	严禁电压互感器二次短路或接地； 严禁电流互感器二次回路开路； 短路电流互感器二次绕组，应使用短路片或短路线，禁止用导线缠绕； 接临时负载，应装设专用的隔离开关（刀闸）和熔断器； 工作时，拆开的引线、断开的线头应采取绝缘包裹等遮蔽措施； 未经验电证明线路和设备确无电压，禁止触碰导体裸露部分
9	接线误拆或产生寄生回路	无用的接线应隔离清楚，防止误拆或产生寄生回路

（十）高压电能表现场检验

高压电能表现场检验作业过程中存在人身触电等风险点，宜采取严禁电压互感器二次短路或接地、严禁电流互感器二次回路开路等防范措施，详见表1-11。

表1-11　　　　　　　　　　高压电能表现场检验危险点和防范措施

序号	现场安全作业危险点	宜采取的防范措施
1	意外伤害	穿全棉长袖工作服和绝缘鞋，正确佩戴安全帽
2	未使用全绝缘工具，导致操作时发生相间或相对地短路	使用绝缘工具，戴手套和护目镜，站在绝缘垫上，保持对地绝缘
3	误入带电间隔、误触运行设备造成人身触电	工作现场应装设遮栏或围栏，遮栏或围栏与设备高压部分应有足够的安全距离，向外悬挂"止步，高压危险！"标示牌，并派专人看守
4	误碰带电设备，造成人身触电	与带电设备保持规定的安全距离
5	误碰带电设备、误分闸，造成人身触电	工作时应有专人监护，禁止将回路的安全接地点断开
6	高处作业跌落摔伤	登高使用梯子时，梯子与地面的角度为60°左右，并有可靠的防滑措施，在梯子上的站立位置不超过梯子限高标志

序号	现场安全作业危险点	宜采取的防范措施
7	高处坠物	登高作业应系好安全带，禁止将工器具及材料上下投掷，应用绳索拴牢传递
8	人身触电	严禁电压互感器二次短路或接地； 严禁电流互感器二次回路开路； 短路电流互感器二次绕组，应使用短路片或短路线，禁止用导线缠绕； 接临时负载，应装设专用的隔离开关（刀闸）和熔断器； 工作时，拆开的引线、断开的线头应采取绝缘包裹等遮蔽措施； 未经验明线路和设备确无电压，禁止触碰导体裸露部分
9	接线误拆或产生寄生回路	无用的接线应隔离清楚，防止误拆或产生寄生回路

（十一）二次回路现场检测

二次回路现场检测作业过程中存在人身触电等风险点，宜采取严禁电压互感器二次短路或接地、严禁电流互感器二次回路开路等防范措施，详见表 1-12。

表 1-12　　　　　　　　　二次回路现场检测危险点和防范措施

序号	现场安全作业危险点	宜采取的防范措施
1	意外伤害	穿全棉长袖工作服和绝缘鞋，正确佩戴安全帽
2	未使用全绝缘工具，导致操作时发生相间或相对地短路	使用绝缘工具，戴手套和护目镜，站在绝缘垫上，保持对地绝缘
3	误入带电间隔、误触运行设备造成人身触电	工作现场应装设遮栏或围栏，遮栏或围栏与设备高压部分应有足够的安全距离，向外悬挂"止步，高压危险！"标示牌，并派专人看守
4	误碰带电设备，造成人身触电	与带电设备保持规定的安全距离
5	误碰带电设备、误分闸，造成人身触电	工作时应有专人监护，禁止将回路的安全接地点断开
6	高处作业跌落摔伤	登高使用梯子时，梯子与地面的角度为 60°左右，并有可靠的防滑措施，在梯子上的站立位置不超过梯子限高标志
7	高处坠物	登高作业应系好安全带，禁止将工器具及材料上下投掷，应用绳索拴牢传递
8	人身触电	严禁电压互感器二次短路或接地； 严禁电流互感器二次回路开路； 工作时，拆开的引线、断开的线头应采取绝缘包裹等遮蔽措施； 未经验明线路和设备确无电压，禁止触碰导体裸露部分
9	接线误拆或产生寄生回路	无用的接线应隔离清楚，防止误拆或产生寄生回路

（十二）高压计量装置故障处理

高压计量装置故障处理作业过程中存在人身触电等风险点，宜采取严禁电压互感器二次短路或接地、严禁电流互感器二次回路开路等防范措施，详见表 1-13。

表 1-13　　　　　　　　　高压计量装置故障处理危险点和防范措施

序号	现场安全作业危险点	宜采取的防范措施
1	意外伤害	穿全棉长袖工作服和绝缘鞋，正确佩戴安全帽

序号	现场安全作业危险点	宜采取的防范措施
2	未使用全绝缘工具，导致操作时发生相间或相对地短路	使用绝缘工具，戴手套和护目镜，站在绝缘垫上，保持对地绝缘
3	误入带电间隔、误触运行设备造成人身触电	工作现场应设装遮栏或围栏，遮栏或围栏与设备高压部分应有足够的安全距离，向外悬挂"止步，高压危险！"标示牌，并派专人看守
4	误碰带电设备，造成人身触电	应断开所有可能送电到线路的断路器（开关）、负荷开关、隔离开关（刀闸）和熔断器，验电、接地后方可工作
5	误碰带电设备、误分闸，造成人身触电	与带电设备保持规定的安全距离
6	高处作业跌落摔伤	工作时应有专人监护，禁止将回路的安全接地点断开
7	高处坠物	登高使用梯子时，梯子与地面的角度为60°左右，并有可靠的防滑措施，在梯子上的站立位置不超过梯子限高标志
8	人身触电	严禁电压互感器二次短路或接地；严禁电流互感器二次回路开路；工作时，拆开的引线、断开的线头应采取绝缘包裹等遮蔽措施；未经验明线路和设备确无电压，禁止触碰导体裸露部分
9	接线误拆或产生寄生回路	无用的接线应隔离清楚，防止误拆或产生寄生回路

（十三）计量箱更换、安装

计量箱更换、安装作业过程中存在人身触电等风险点，宜采取低压带电导线未采取绝缘措施时，作业人员不得穿越等防范措施，详见表1-14。

表1-14　　　　　　　　　计量箱更换、安装危险点和防范措施

序号	现场安全作业危险点	宜采取的防范措施
1	意外伤害	穿全棉长袖工作服和绝缘鞋，正确佩戴安全帽
2	未使用全绝缘工具，导致操作时发生相间或相对地短路	使用绝缘工具，戴手套和护目镜，站在绝缘垫上，保持对地绝缘
3	误触运行设备造成人身触电	工作现场应设装遮栏或围栏，遮栏或围栏与设备高压部分应有足够的安全距离，向外悬挂"止步，高压危险！"标示牌，并派专人看守
4	误碰带电设备，造成人身触电	与带电设备保持规定的安全距离；工作时应有专人监护，禁止将回路的安全接地点断开；高低压同杆架设，在低压带电线路上计量箱装拆时，应先检查与高压线的距离，采取防止误碰带电高压设备的措施
5	人身伤害	对计量箱门进行检查或操作时，站位至箱门侧面，防范计量箱内设备异常。箱门开启后应采取有效措施对箱门进行固定
6	高处作业跌落摔伤	登高使用梯子时，梯子与地面的角度为60°左右，并有可靠的防滑措施，在梯子上的站立位置不超过梯子限高标志
7	高处坠物	登高作业应系好安全带，禁止将工器具及材料上下投掷，应用绳索拴牢传递
8	人身触电	低压带电导线未采取绝缘措施时，作业人员不得穿越；不停电工作时，应采取防止相间短路和单相接地的绝缘隔离措施，拆除导线裸露部分后，立即进行绝缘包裹，不得触碰导线裸露部分；严禁电压互感器二次短路或接地；

续表

序号	现场安全作业危险点	宜采取的防范措施
8	人身触电	严禁电流互感器二次回路开路； 工作时，拆开的引线、断开的线头应采取绝缘包裹等遮蔽措施； 未经验明线路和设备确无电压，禁止触碰导体裸露部分
9	接线误拆或产生寄生回路	无用的接线应隔离清楚，防止误拆或产生寄生回路

（十四）低压采集运维

低压采集运维作业过程中存在人身触电等风险点，宜采取严禁电压互感器二次短路或接地、严禁电流互感器二次回路开路等防范措施，详见表 1-15。

表 1-15　　　　　　　　　　低压采集运维危险点和防范措施

序号	现场安全作业危险点	宜采取的防范措施
1	意外伤害	穿全棉长袖工作服和绝缘鞋，正确佩戴安全帽
2	未使用全绝缘工具，导致操作时发生相间或相对地短路	使用绝缘工具，戴手套和护目镜，站在绝缘垫上，保持对地绝缘
3	误入带电间隔、误触运行设备造成人身触电	工作现场应装设遮栏或围栏，遮栏或围栏与设备高压部分应有足够的安全距离，向外悬挂"止步，高压危险！"标示牌，并派专人看守
4	误碰带电设备，造成人身触电	与带电设备保持规定的安全距离
5	误碰带电设备、误分闸，造成人身触电	工作时应有专人监护，禁止将回路的安全接地点断开
6	高处作业跌落摔伤	登高使用梯子时，梯子与地面的角度为 60°左右，并有可靠的防滑措施，在梯子上的站立位置不超过梯子限高标志
7	高处坠物	登高作业应系好安全带，禁止将工器具及材料上下投掷，应用绳索拴牢传递
8	人身触电	严禁电压互感器二次短路或接地； 严禁电流互感器二次回路开路； 工作时，拆开的引线、断开的线头应采取绝缘包裹等遮蔽措施； 未经验明线路和设备确无电压，禁止触碰导体裸露部分
9	接线误拆或产生寄生回路	无用的接线应隔离清楚，防止误拆或产生寄生回路

（十五）低压电能表、终端装拆及更换

低压电能表、终端装拆及更换作业过程中存在人身触电等风险点，宜采取严禁电压互感器二次短路或接地、严禁电流互感器二次回路开路等防范措施，详见表 1-16。

表 1-16　　　　　　低压电能表、终端装拆及更换危险点和防范措施

序号	现场安全作业危险点	宜采取的防范措施
1	意外伤害	穿全棉长袖工作服和绝缘鞋，正确佩戴安全帽
2	未使用全绝缘工具，导致操作时发生相间或相对地短路	使用绝缘工具，戴手套和护目镜，站在绝缘垫上，保持对地绝缘
3	误入带电间隔、误触运行设备造成人身触电	工作现场应装设遮栏或围栏，遮栏或围栏与设备高压部分应有足够的安全距离，向外悬挂"止步，高压危险！"标示牌，并派专人看守

序号	现场安全作业危险点	宜采取的防范措施
4	误碰带电设备，造成人身触电	与带电设备保持规定的安全距离
5	误碰带电设备、误分闸，造成人身触电	工作时应有专人监护，禁止将回路的安全接地点断开
6	高处作业跌落摔伤	登高使用梯子时，梯子与地面的角度为60°左右，并有可靠的防滑措施，在梯子上的站立位置不超过梯子限高标志
7	高处坠物	登高作业应系好安全带，禁止将工器具及材料上下投掷，应用绳索拴牢传递
8	接线误拆或产生寄生回路	无用的接线应隔离清楚，防止误拆或产生寄生回路
9	人身触电	严禁电压互感器二次短路或接地； 严禁电流互感器二次回路开路； 工作时，拆开的引线、断开的线头应采取绝缘包裹等遮蔽措施； 未经验明线路和设备确无电压，禁止触碰导体裸露部分； 确认非金属外壳的仪器与地绝缘，金属外壳的仪器和变压器外壳接地； 多表计零线串接，工作时应保持其他表计接零正常
10	倒送电，导致人身触电伤害	表计后端有光伏电源，断开表计进出线开关，防止倒送电； 表计后端有补偿电容，断开表计进出线开关，防止倒送电

（十六）低压计量装置故障处理

低压计量装置故障处理作业过程中存在人身触电等风险点，宜采取严禁电压互感器二次短路或接地、严禁电流互感器二次回路开路等防范措施，详见表1-17。

表1-17　　　　　　　低压计量装置故障处理危险点和防范措施

序号	现场安全作业危险点	宜采取的防范措施
1	意外伤害	穿全棉长袖工作服和绝缘鞋，正确佩戴安全帽
2	未使用全绝缘工具，导致操作时发生相间或相对地短路	使用绝缘工具，戴手套和护目镜，站在绝缘垫上，保持对地绝缘
3	误入带电间隔、误触运行设备造成人身触电	工作现场应装设遮栏或围栏，遮栏或围栏与设备高压部分应有足够的安全距离，向外悬挂"止步，高压危险！"标示牌，并派专人看守
4	误碰带电设备，造成人身触电	与带电设备保持规定的安全距离
5	误碰带电设备、误分闸，造成人身触电	工作时应有专人监护，禁止将回路的安全接地点断开
6	高处作业跌落摔伤	登高使用梯子时，梯子与地面的角度为60°左右，并有可靠的防滑措施，在梯子上的站立位置不超过梯子限高标志
7	高处坠物	登高作业应系好安全带，禁止将工器具及材料上下投掷，应用绳索拴牢传递
8	人身触电	严禁电压互感器二次短路或接地； 严禁电流互感器二次回路开路； 工作时，拆开的引线、断开的线头应采取绝缘包裹等遮蔽措施； 未经验明线路和设备确无电压，禁止触碰导体裸露部分
9	接线误拆或产生寄生回路	无用的接线应隔离清楚，防止误拆或产生寄生回路

（十七）低压电能表现场检验

低压电能表现场检验作业过程中存在人身触电等风险点，宜采取严禁电压互感器二次短路或接地、严禁电流互感器二次回路开路等防范措施，详见表1-18。

表1-18　　　　　　　　　低压电能表现场检验危险点和防范措施

序号	现场安全作业危险点	宜采取的防范措施
1	意外伤害	穿全棉长袖工作服和绝缘鞋，正确佩戴安全帽
2	未使用全绝缘工具，导致操作时发生相间或相对地短路	使用绝缘工具，戴手套和护目镜，站在绝缘垫上，保持对地绝缘
3	误入带电间隔、误触运行设备造成人身触电	校验现场应装设遮栏或围栏，遮栏或围栏与设备高压部分应有足够的安全距离，向外悬挂"止步，高压危险！"标示牌，并派专人看守
4	误碰带电设备，造成人身触电	与带电设备保持规定的安全距离
5	误碰带电设备、误分闸，造成人身触电	工作时应有专人监护，禁止将回路的安全接地点断开
6	高处作业跌落摔伤	登高使用梯子时，梯子与地面的角度为60°左右，并有可靠的防滑措施，在梯子上的站立位置不超过梯子限高标志
7	高处坠物	登高作业应系好安全带，禁止将工器具及材料上下投掷，应用绳索拴牢传递
8	人身触电	严禁电压互感器二次短路或接地； 严禁电流互感器二次回路开路； 短路电流互感器二次绕组，应使用短路片或短路线，禁止用导线缠绕； 接临时负载，应装设专用的隔离开关（刀闸）和熔断器； 工作时，拆开的引线、断开的线头应采取绝缘包裹等遮蔽措施； 未经验明线路和设备确无电压，禁止触碰导体裸露部分
9	接线误拆或产生寄生回路	无用的接线应隔离清楚，防止误拆或产生寄生回路

三、业扩报装

（一）现场勘查

业扩报装现场勘查作业过程中存在人身触电等风险点，宜采取与带电设备保持规定的安全距离等防范措施，详见表1-19。

表1-19　　　　　　　　　业扩报装现场勘查危险点和防范措施

序号	现场安全作业危险点	宜采取的防范措施
1	意外伤害	穿全棉长袖工作服和绝缘鞋，正确佩戴安全帽
2	误碰带电设备，造成人身触电	与带电设备保持规定的安全距离
3	人身触电	确认设备外壳可靠接地后方可触碰
4	高处作业跌落摔伤	登高使用梯子时，梯子与地面的角度为60°左右，并有可靠的防滑措施，在梯子上的站立位置不超过梯子限高标志
5	高处坠物	登高作业应系好安全带，禁止将工器具及材料上下投掷，应用绳索拴牢传递

（二）中间检查

业扩报装中间检查作业过程中存在用户接地、防雷、电缆沟等隐蔽工程中间检查未合格，即开展后续工程施工等风险点，宜采取严格执行中间检查现场安全操作卡等防范措施，详见表1-20。

表1-20　　　　　　　　　业扩报装中间检查危险点和防范措施

序号	现场安全作业危险点	宜采取的防范措施
1	意外伤害	穿全棉长袖工作服和绝缘鞋，正确佩戴安全帽
2	误碰带电设备，造成人身触电	与带电设备保持规定的安全距离
3	人身触电	确认设备外壳可靠接地后方可触碰
4	高处作业跌落摔伤	登高使用梯子时，梯子与地面的角度为60°左右，并有可靠的防滑措施，在梯子上的站立位置不超过梯子限高标志
5	高处坠物	登高作业应系好安全带，禁止将工器具及材料上下投掷，应用绳索拴牢传递
6	用户接地、防雷、电缆沟等隐蔽工程中间检查未合格，即开展后续工程施工	严格执行中间检查现场安全操作卡；加强对用户受电设施问题隐患整改的闭环管理

（三）竣工检验

业扩报装竣工检验作业过程中存在多电源供电用户采取的防止反送电技术措施不到位等风险点，宜采取严格执行竣工验收现场安全操作卡等防范措施，详见表1-21。

表1-21　　　　　　　　　业扩报装竣工检验危险点和防范措施

序号	现场安全作业危险点	宜采取的防范措施
1	意外伤害	穿全棉长袖工作服和绝缘鞋，正确佩戴安全帽
2	误碰带电设备，造成人身触电	与带电设备保持规定的安全距离
3	人身触电	确认设备外壳可靠接地后方可触碰
4	高处作业跌落摔伤	登高使用梯子时，梯子与地面的角度为60°左右，并有可靠的防滑措施，在梯子上的站立位置不超过梯子限高标志
5	高处坠物	登高作业应系好安全带，禁止将工器具及材料上下投掷，应用绳索拴牢传递
6	多电源供电用户采取的防止反送电技术措施不到位	严格执行竣工验收现场安全操作卡
7	未验收设备是否符合"五防"要求	加强多电源供电用户的闭锁管理
8	不熟悉增（减）容用户现场设备接线，未掌握设备带电情况	掌握增（减）容用户现场情况和电气设备接线、运行状态，采取防

（四）停（送）电

业扩报装停（送）电作业过程中存在未确认用户受电设备状态进行停（送）电等风险点，宜采取严格执行现场停（送）电现场安全操作卡等防范措施，详见表1-22。

表 1-22   业扩报装停（送）电危险点和防范措施

序号	现场安全作业危险点	宜采取的防范措施
1	意外伤害	穿全棉长袖工作服和绝缘鞋，正确佩戴安全帽
2	误碰带电设备，造成人身触电	与带电设备保持规定的安全距离
3	人身触电	确认设备外壳可靠接地后方可触碰
4	高处作业跌落摔伤	登高使用梯子时，梯子与地面的角度为 60°左右，并有可靠的防滑措施，在梯子上的站立位置不超过梯子限高标志
5	高处坠物	登高作业应系好安全带，禁止将工器具及材料上下投掷，应用绳索拴牢传递
6	未确认用户受电设备状态进行停（送）电	严格执行现场停（送）电现场安全操作卡

四、用电检查

（一）周期检查、专项检查

周期检查、专项检查作业过程中存在人身触电等风险点，宜采取检查前应核准现场设备运行情况，明确安全检查通道等防范措施，详见表 1-23。

表 1-23   周期检查、专项检查危险点和防范措施

序号	现场安全作业危险点	宜采取的防范措施
1	意外伤害	穿全棉长袖工作服和绝缘鞋，正确佩戴安全帽
2	误碰带电设备，造成人身触电	与带电设备保持规定的安全距离
3	人身触电伤害	检查高压带电设备时，不得强行打开闭锁装置
4	人身触电	确认设备外壳可靠接地后方可触碰
5	高处作业跌落摔伤	登高使用梯子时，梯子与地面的角度为 60°左右，并有可靠的防滑措施，在梯子上的站立位置不超过梯子限高标志
6	高处坠物	登高作业应系好安全带，禁止将工器具及材料上下投掷，应用绳索拴牢传递
7	人身触电	检查前应核准现场设备运行情况，明确安全检查通道

（二）重要用户现场安全检查

重要用户现场安全检查作业过程中存在人身触电等风险点，宜采取检查前应核准现场设备运行情况，明确安全检查通道等防范措施，详见表 1-24。

表 1-24   重要用户现场安全检查危险点和防范措施

序号	现场安全作业危险点	宜采取的防范措施
1	意外伤害	穿全棉长袖工作服和绝缘鞋，正确佩戴安全帽
2	误碰带电设备，造成人身触电	与带电设备保持规定的安全距离
3	人身触电伤害	检查高压带电设备时，不得强行打开闭锁装置
4	人身触电	确认设备外壳可靠接地后方可触碰

序号	现场安全作业危险点	宜采取的防范措施
5	高处作业跌落摔伤	登高使用梯子时，梯子与地面的角度为 60°左右，并有可靠的防滑措施，在梯子上的站立位置不超过梯子限高标志
6	高处坠物	登高作业应系好安全带，禁止将工器具及材料上下投掷，应用绳索拴牢传递
7	人身触电	检查前应核准现场设备运行情况，明确安全检查通道
8	现场设备发生紧急情况影响人身安全	严格执行用电检查计划，做到"服务、通知、报告、督导"四到位

（三）窃电、违约用电查处

窃电、违约用电查处作业过程中存在未正确评估用户现场的安全风险，查处现场遭到暴力反抗等风险点，宜采取制订现场查处方案等防范措施，详见表 1-25。

表 1-25　　　　　　　　窃电、违约用电查处危险点和防范措施

序号	现场安全作业危险点	宜采取的防范措施
1	意外伤害	穿全棉长袖工作服和绝缘鞋，正确佩戴安全帽
2	误碰带电设备，造成人身触电	与带电设备保持规定的安全距离
3	人身触电伤害	检查高压带电设备时，不得强行打开闭锁装置
4	人身触电	确认设备外壳可靠接地后方可触碰
5	高处作业跌落摔伤	登高使用梯子时，梯子与地面的角度为 60°左右，并有可靠的防滑措施，在梯子上的站立位置不超过梯子限高标志
6	高处坠物	登高作业应系好安全带，禁止将工器具及材料上下投掷，应用绳索拴牢传递
7	人身触电	检查前应核准现场设备运行情况，明确安全检查通道
8	未正确评估用户现场的安全风险，查处现场遭到暴力反抗	制订现场查处方案； 查处时应采用视频、照片等方式进行取证； 根据现场实际情况，请公安等政府部门现场共同参与

（四）按政府要求协助重大活动相关用户开展巡视值守

按政府要求协助重大活动相关用户开展巡视值守作业过程中存在人身触电等风险点，宜采取检查前应核准现场设备运行情况，明确安全检查通道等防范措施，详见表 1-26。

表 1-26　　　　按政府要求协助重大活动相关用户开展巡视值守危险点和防范措施

序号	现场安全作业危险点	宜采取的防范措施
1	意外伤害	穿全棉长袖工作服和绝缘鞋，正确佩戴安全帽
2	误碰带电设备，造成人身触电	与带电设备保持规定的安全距离
3	人身触电伤害	检查高压带电设备时，不得强行打开闭锁装置
4	人身触电	确认设备外壳可靠接地后方可触碰
5	高处作业跌落摔伤	登高使用梯子时，梯子与地面的角度为 60°左右，并有可靠的防滑措施，在梯子上的站立位置不超过梯子限高标志

序号	现场安全作业危险点	宜采取的防范措施
6	高处坠物	登高作业应系好安全带，禁止将工器具及材料上下投掷，应用绳索拴牢传递
7	人身触电	检查前应核准现场设备运行情况，明确安全检查通道

五、综合能源

（一）综合能效

综合能效作业过程中存在带电安装能效监测终端时施工不规范，存在人身触电风险等风险点，宜采取严格执行安全规程，在带电设备上悬挂标示牌等防范措施，详见表1-27。

表 1-27 综合能效危险点和防范措施

序号	现场安全作业危险点	宜采取的防范措施
1	意外伤害	穿全棉长袖工作服和绝缘鞋，正确佩戴安全帽
2	误碰带电设备，造成人身触电	与带电设备保持规定的安全距离
3	人身触电	确认设备外壳可靠接地后方可触碰
4	高处作业跌落摔伤	登高使用梯子时，梯子与地面的角度为60°左右，并有可靠的防滑措施，在梯子上的站立位置不超过梯子限高标志
5	高处坠物	登高作业应系好安全带，禁止将工器具及材料上下投掷，应用绳索拴牢传递
6	带电安装能效监测终端时施工不规范，存在人身触电风险	严格执行安全规程，在带电设备上悬挂标示牌；施工过程中应有专责安全监护人员；工具的电源应有漏电保护装置

（二）多能服务

多能服务作业过程中存在现场及采集设备安装过程中，出现危险液体、气体、管道泄漏、误碰等异常等风险点，宜采取现场环境通风，现场人员穿防静电工作服或隔热工作服，禁止施工现场一切烟火，现场禁止拨打电话等防范措施，详见表1-28。

表 1-28 多能服务危险点和防范措施

序号	现场安全作业危险点	宜采取的防范措施
1	意外伤害	穿全棉长袖工作服和绝缘鞋，正确佩戴安全帽
2	误碰带电设备，造成人身触电	与带电设备保持规定的安全距离
3	人身触电	确认设备外壳可靠接地后方可触碰
4	高处作业跌落摔伤	登高使用梯子时，梯子与地面的角度为60°左右，并有可靠的防滑措施，在梯子上的站立位置不超过梯子限高标志
5	高处坠物	登高作业应系好安全带，禁止将工器具及材料上下投掷，应用绳索拴牢传递
6	多能控制系统误操作引起用户设备运行异常、误动	系统内控制操作应有确认操作；执行控制操作时应有监护人员在场，确认执行操作
7	现场及采集设备安装过程中，出现危险液体、气体、管道泄漏、误碰等异常	现场环境通风，现场人员穿防静电工作服或隔热工作服，禁止施工现场一切烟火，现场禁止拨打电话

（三）新能源建设

新能源建设作业过程中存在触电风险等风险点，宜采取制订详细的调试、启动方案，防止人身触电和设备损坏等防范措施，详见表1-29。

表 1-29　　　　　　　　　　　　新能源建设危险点和防范措施

序号	现场安全作业危险点	宜采取的防范措施
1	意外伤害	穿全棉长袖工作服和绝缘鞋，正确佩戴安全帽
2	误碰带电设备，造成人身触电	与带电设备保持规定的安全距离
3	人身触电	确认设备外壳可靠接地后方可触碰
4	高处作业跌落摔伤	登高使用梯子时，梯子与地面的角度为 60°左右，并有可靠的防滑措施，在梯子上的站立位置不超过梯子限高标志
5	高处坠物	登高作业应系好安全带，禁止将工器具及材料上下投掷，应用绳索拴牢传递
6	现场实施屋顶光伏等项目时，建筑物承载力存在风险	做好建筑物承载力安全风险评估
7	存在反送电风险	严格落实防止反送电的措施
8	建设调试过程中存在触电风险	制订详细的调试、启动方案，防止人身触电和设备损坏

（四）智能运维

智能运维作业过程中存在设备运维过程中因误操作损坏设备等风险点，宜采取熟知运维设备的技术参数和技术要求，提前制订运维方案，严格按照方案实施运维工作等防范措施，详见表1-30。

表 1-30　　　　　　　　　　　　智能运维危险点和防范措施

序号	现场安全作业危险点	宜采取的防范措施
1	意外伤害	穿全棉长袖工作服和绝缘鞋，正确佩戴安全帽
2	误碰带电设备，造成人身触电	与带电设备保持规定的安全距离
3	人身触电	确认设备外壳可靠接地后方可触碰
4	高处作业跌落摔伤	登高使用梯子时，梯子与地面的角度为 60°左右，并有可靠的防滑措施，在梯子上的站立位置不超过梯子限高标志
5	高处坠物	登高作业应系好安全带，禁止将工器具及材料上下投掷，应用绳索拴牢传递
6	设备运维过程中因误操作损坏设备	熟知运维设备的技术参数和技术要求，提前制订运维方案，严格按照方案实施运维工作
7	存在低压触电风险	运维过程中做好人身触电防护措施

（五）港口岸电

港口岸电接电过程中存在带电插拔操作，易引起人身触电危险等风险点，宜采取加强对运维人员及用户用电安全操作的培训，在岸电设施上张贴安全操作流程图等防范措施，详见表1-31。

表 1-31   港口岸电危险点和防范措施

序号	现场安全作业危险点	宜采取的防范措施
1	意外伤害	穿全棉长袖工作服和绝缘鞋,正确佩戴安全帽
2	误碰带电设备,造成人身触电	与带电设备保持规定的安全距离
3	人身触电	确认设备外壳可靠接地后方可触碰
4	高处作业跌落摔伤	登高使用梯子时,梯子与地面的角度为 60°左右,并有可靠的防滑措施,在梯子上的站立位置不超过梯子限高标志
5	高处坠物	登高作业应系好安全带,禁止将工器具及材料上下投掷,应用绳索拴牢传递
6	接电过程中存在带电插拔操作,易引起人身触电危险	加强对运维人员及用户用电安全操作的培训,在岸电设施上张贴安全操作流程图

第二章
电力营销典型作业票的填写和使用

为严格落实公司安全管理要求，持续强化营销现场作业管理，严格规范各类工作人员的行为，确保人身、电网和设备的安全，依据国家有关法律法规、技术标准和公司制度标准，根据《国家电网有限公司营销现场作业安全工作规程（试行）》（《营销安规》）、《国家电网公司电力安全工作规程（变电部分）》（Q/GDW 1799.1—2013）、《国家电网有限公司电力安全工作规程 第 8 部分：配电部分》（Q/GDW 10799.3—2023）相关规定，结合各地区营销现场作业实际，本章对营销现场典型作业票的填写和使用进行说明。

第一节 电力营销作业票类型及适用范围

营销现场作业是指由营销服务人员进行的业扩报装、电能计量、用电信息采集、用电检查、分布式电源作业、智能用电以及综合能源等现场工作。按照作业地点的产权归属不同，营销现场作业可分为电网侧营销现场作业和用户侧营销现场作业。电网侧营销现场作业是指在公司产权场所、设备范围内或公共区域内进行的营销现场作业，用户侧营销现场作业是指在用户产权配电室、变电站等场所、设备范围内进行的营销现场作业，不同作业类型的营销现场作业宜使用相应的作业票。

一、电力营销作业票类型

电力营销作业票类型有变电、配电第一/第二种工作票，低压工作票，现场作业工作卡或其他书面形式。

二、电力营销作业票适用范围

（一）填用变电第一种工作票的工作

在 20kV 以上变电作业现场进行营销工作，且符合以下条件之一时，应填用变电第一种工作票。

（1）高压线路、设备上工作，需要全部停电或部分停电者。

（2）二次系统上的工作，需要将高压设备停电或做安全措施者。

（3）其他工作需要将高压设备停电或做安全措施者。

（二）填用变电第二种工作票的工作

在 35kV 及以上变电作业现场进行营销工作，且符合以下条件之一时，应填用变电第二种工作票。

（1）控制盘和低压配电盘、配电箱、电源干线上的工作。

（2）二次系统上的工作，无需将高压设备停电者或做安全措施者。

（3）大于表 2-1 中安全距离的相关场所和带电设备外壳上的工作以及无可能触及带电设备导电部分的工作。

表 2-1   高压线路、设备不停电时的安全距离

电压等级（kV）	安全距离（m）
10 及以下	0.7
20、35	1.0
66、110	1.5
220	3.0

注 表中未列电压应选用高一档电压等级的安全距离。电压等级数据按海拔 1000m 校正。

（三）填用配电第一种工作票的工作

在 20kV 以下配电作业现场进行营销工作，需要将高压线路、设备停电或做安全措施者。

（四）填用配电第二种工作票的工作

20kV 及以下高压配电（含相关场所及二次系统）营销工作，与邻近带电高压线路或设备的距离大于表 2-1 安全距离规定，不需要将高压线路、设备停电或做安全措施者。

（五）填用低压工作票的工作

1000V 及以下低压线路、设备（不含在发电厂、变电站内的低压设备）上工作，不需要将高压线路、设备停电或做安全措施者。

（六）填用现场作业工作卡的工作

用户侧开展业扩报装、用电检查、分布式电源、充电设备检修（试验）、综合能源等相关工作，应填用现场作业工作卡。

（七）使用其他书面记录或按口头电话命令执行

（1）在开展不需要停电，不存在接触带电部位风险的抄表催费、用户现场安全检查、涂改编号等工作时，可不使用工作票或现场作业工作卡，但应以其他形式记录相应的操作和工作等内容。

（2）其他记录形式包括作业指导书（卡）、派工单、任务单、工作记录等。

（3）按电话命令执行的工作应留有录音或书面派工记录。记录内容应包含指派人、工作人员（负责人）、工作任务、工作地点、派工时间、工作结束时间、安全措施（注意事项）及完成情况等内容。现场作业类型与宜使用的书面记录种类对应关系如表 2-2 所示。

表 2-2　　　　　　　　　　　现场作业类型与宜使用的书面记录种类对应关系

序号	工作分类	作业类型	宜使用的书面记录种类
1	电能计量	高压互感器更换	变电、配电第一种工作票
2		低压互感器更换	变电、配电第一/第二种工作票
3		互感器现场校验	变电、配电第一种工作票
4		接线盒更换	变电、配电第一种工作票
5		变电站电能表、终端装拆及更换	变电第二种工作票
6		变电站电能表现场检验	变电第二种工作票
7		变电站内二次回路现场检测	变电第二种工作票
8		变电站计量装置故障处理	变电第二种工作票
9		高压电能表、终端装拆及更换	配电第二种工作票
10		高压电能表现场检验	配电第二种工作票
11		二次回路现场检测	配电第二种工作票
12		高压计量装置故障处理	配电第二种工作票
13		计量箱更换、安装	低压工作票
14		低压采集运维	低压工作票或其他书面形式
15		低压电能表、集中器的新装、更换、拆除	低压工作票
16		低压计量装置故障处理	低压工作票
17		低压电能表现场检验	低压工作票
18	智能用电	充换站建设	现场作业工作卡
19		充换电设备检修	现场作业工作卡
20		充换电设备应急抢修	现场作业工作卡
21	营业业扩	高压业扩报装竣工验收	现场作业工作卡或配电第二种工作票
22		高压业扩报装（停）送电	现场作业工作卡或配电第一种工作票
23		分布式电源并网验收调试	现场作业工作卡或低压工作票
24		低压业扩	低压工作票
25		分布式电源现场勘查	现场作业工作卡
26		高压新装现场勘查	现场作业工作卡
27		高压增容现场勘查	现场作业工作卡
28		高压业扩中间检查（上门服务）	现场作业工作卡
29		地方电厂并网验收	现场作业工作卡
30	用电检查	重要用户现场安全检查	现场作业工作卡
31		周期检查、专项检查	现场作业工作卡
32		窃电、违约用电查处	现场作业工作卡或相应电压等级下的工作票
33		按政府要求协助重大活动相关用户开展巡视值守	现场作业工作卡
34	综合能源	综合能效、多能服务、新能源（屋顶光伏）建设、智能运维	现场作业工作卡
35	电能替代	港口岸电、煤锅炉（窑炉）电能替代、电制冷及采暖	现场作业工作卡

第二节 电力营销作业票填写注意事项

作业票应通过公司系统填写，并同步数字安全域。作业票填写应注意以下事项。

（1）现场工作应明确作业对象及作业内容，（高压）作业对象以电气连接为限，多个作业对象的作业内容相同时作业对象可以合并描述，同个作业对象有多个作业内容时可合并描述，如表 2-3 所示，避免使用配电房、竣工检验等空泛描述。

表 2-3 作业对象及作业内容示例一

作业地点（以电气连接为限）	作业内容
进线柜 01、出线柜 04	继电保护定值检查
进线柜 01、出线柜 04	接线检查
1 号变压器	接地检查、连接检查、保护检查
低压柜 01、02、03、04	接线检查
（不用"/"或"以下为空"，便于增加工作任务）	

（2）应按照最小原则布置防电气伤害的安全措施，即工作对象需要接触或小于安全距离进行观察的应将其进行电气隔离，使该运用中的设备转化为非运用中的设备，不应随意扩大停电范围，增装变压器的竣工检验如无必要，不应要求用户侧设备全停。如表 2-4 所示。

表 2-4 作业对象及作业内容示例二[●]

作业地点（以电气连接为限）	作业内容
出线柜 05	继电保护定值检查
（新增）2 号变压器	接地检查、连接检查、保护检查
低压柜 05	机械连锁检查
低压柜 06、07、08	接线检查
（不用"/"或"以下为空"，便于增加工作任务）	
安全措施	
出线柜 05 冷备用状态（开关断开、手车试验位、接地刀闸合）	
低压柜 05（联络开关）冷备用状态（开关断开、手车试验位）	
（不用"/"或"以下为空"，便于停电范围内增加安全措施）	
注意事项	
高压进线电缆、高压母线、进线柜 01、计量柜 02、压变柜 03、出线柜 04 带电运行	
1 号变压器带电运行	
1 段低压柜 01、02、03、04 带电运行	
（不用"/"或"以下为空"，便于增加注意事项）	

[●] 根据实际现场工作需要，本书专有名词使用现场惯用简称，如压变、开关、刀闸、接地刀闸等。其中，压变代表电压互感器，刀闸代表隔离开关，接地刀闸代表接地开关。

（3）运维检修一体化班组（许可人为工作班组成员）的防电气伤害安全措施应按照操作顺序填写，描述为"动词+宾语"形式［如低压电能表故障处理，安全措施为：①拉开电能表出线侧空气开关；②拉开电能表电源侧隔离开关（刀闸）］。

第三方许可的防电气伤害安全措施应按照从高压到低压、从电源侧向负荷侧顺序填写，描述为"主语+状态"形式，用户侧增容换表换 TA 如表 2-5 所示，在许可的工作段内工作班组自行补充的安全措施按照操作顺序填写，描述为"动词+宾语"形式。

表 2-5　　　　　　　　　　　作业对象及作业内容示例三

安全措施
进线柜 01 冷备用状态（开关断开、手车试验位）
压变柜 03 冷备用状态（手车试验位、高压熔丝取下）
出线柜 04 冷备用状态（开关断开、手车试验位、接地刀闸合）
高压母线挂接地一副（具体位置可根据许可人现场挂接位置进行备注）
（不用"/"或"以下为空"，便于停电范围内增加安全措施）

（4）顺承关系的作业（如竣工检验、送电）应视为两个场次安排工作，竣工检验按正常手续办理工作票（卡），验收通过当天可以进行送电的，现场办理送电工作票（卡）。

（5）多班组合并作业的工作范围大的班组委派工作负责人，按照最高票种要求使用工作票（第一种票高于第二种票高于现场作业卡），如竣工检验可填用现场作业卡，装表应填用配电第二种票，则合并班组应填用配电第二种票。

送电现场使用现场作业卡，营销人员除紧急情况下不得操作用户设备，只能进行大于安全距离的观察，现场作业卡中应对该类风险进行辨识并布置安全措施。

（6）出现临时性工作时，除第一种工作票外，其余票种可现场办理工作票（卡），办票（卡）依据为电话命令或营销系统流转单据。

（7）正常情况下应为非运用中设备的作业对象上工作，作业前应再次核对作业对象为非运用中状态。

（8）操作类［拉、合开关，挂接地（除个人保安线）］作为强制性防电气伤害措施，应列入安全措施并于作业前一次性完成。

辅助类（遮栏、标识标牌）作为非强制性措施，可列入安全措施或其他安全措施，并随工作开展补充或取消。

（9）现场作业卡可根据场景预设风险点，具体安全措施由工作负责人现场进行布置，如表 2-6 所示。

各类场景的作业指导卡在逐步完善中，针对各类场景配套现场作业卡使用；为降低签发人的安全责任风险，选派的工作负责人需熟练掌握各类场景的作业指导书并能有效辨识现场电气、非电气风险点并布置安全措施、交代注意事项。

表 2-6   作业对象及作业内容示例四

工作现场风险点分析	注意事项及安全措施	逐项落实并打钩
临时电源电气伤害		
建筑施工现场坑孔洞坠落伤害；高处落物伤害、锐物刺伤伤害		
生产现场机械设备伤害		
有限空间作业伤害		
易燃易爆环境伤害		
其他		

注意：手工填写时，使用黑色或蓝色的钢（水）笔或圆珠笔逐项填写，票面清楚整洁，并不得任意涂改。工作票使用统一格式，采用 A3 或 A4 纸印刷或打印；工作票应实行编号管理；工作票中时间、编号及设备名称、动词（如拉、合、拆、装等）、状态词（如合闸、分闸、热备用、冷备用等）等关键字不得涂改，不准用"∨"等插入内容。非关键字如有个别错、漏字需要修改，应使用双横杠"＝"将错别字划去，清晰保留修改痕迹；工作票应由工作票签发人审核无误，手工签名或电子签名后方可执行；许可工作时工作许可人、工作负责人签名必须手签，安全措施栏必须完成后立即逐项手工打"√"；工作票由工作负责人填写，也可以由工作票签发人填写。各级专职安监人员不得签发工作票；供电单位应填写规范简称，用户、变电站、班组名称填写全称，多班组工作填写所有工作班组的名称，姓名填写全名，时间采用 24 小时格式。

第三节　电网侧营销现场作业中工作票使用

一、35kV 及以上变电站、线路作业

营销作业人员在电网侧变电站主控制室、高压室、开关箱等计量装置及其二次回路上，进行巡视、装拆、负荷测试、压降测试、校验、调试等作业时，都应执行相应的工作票。工作票由营销作业班组填写和签发，设备运维管理单位值班人员许可。

（一）二次系统上的工作

（1）二次系统上的工作即在电能计量装置、采集终端等设备上，进行巡视、装拆、负荷测试、压降测试、校验、调试等工作。

（2）下列情况应填用变电第一种工作票。

1）在高压室遮栏内或与导电部分小于表 1-1 规定的安全距离进行互感器、电能表、采集终端等及其二次回路的检查试验时，需将高压设备停电者。

2）在高压设备电能表、采集终端等及其二次回路上工作需将高压设备停电或做安全措

施者。

（3）下列情况应填用变电第二种工作票。

1）电能计量装置、采集终端在运用中进行装拆、校验、调试操作时不影响一次设备正常运行的工作。

2）对于连接电流互感器或电压互感器二次绕组并装在屏柜上的电能计量装置上的工作，可以不停用一次高压设备或不需做安全措施者。

3）在采集终端及其通信回路，以及在通信设备上安装及调试工作，可以不停用高压设备或不需做安全措施者。

（4）变电站内工作中遇有在运行设备的二次回路上进行拆、接线工作应填用二次工作安全措施票。

（二）高压试验与测量工作

高压试验与测量工作主要包含变电站内一次设备区各电压等级互感器、GIS 组合互感器投运前校验、运用中周期性校验、绝缘电阻测量等工作。

（1）高压试验工作应填用高压试验工作票。

（2）使用携带型仪器在高压回路上进行工作，需要高压设备停电或做安全措施的，应填用变电第一种工作票；不需要高压设备停电或做安全措施的，应填用变电第二种工作票。除使用特殊仪器外，所有使用携带型仪器的测量工作，均应在电流互感器和电压互感器的二次侧进行。

二、10kV（20kV）配电设备、线路作业

营销作业人员在 20kV 及以下配电网中的架空线路、电缆线路及其附属设备和 20kV 及以下配电网中的配电站、开关站（开闭所）、箱式变电站、柱上变压器、柱上开关（包括柱上断路器、柱上负荷开关）、环网单元、电缆分支箱等高压场所范围内进行作业时，都应执行本部分要求。工作票由营销作业班组填写和签发，设备运维管理单位人员许可。

（1）柱上变压器台架工作。

（2）箱式变电站工作。

（3）配电站、开关站（开闭所）工作。

（4）架空绝缘导线作业。

上述工作时，需要高压设备停电或做安全措施的，应填用配电第一种工作票；与邻近带电高压线路或设备的距离大于相关规定，不需要将高压线路、设备停电或做安全措施者，可填用配电第二种工作票。

（5）配电二次系统上的工作不需要将高压线路、设备停电或做安全措施者，可填用配电第二种工作票。

（6）高压试验与测量工作。

1）高压试验工作应填用配电第一种工作票。

2）使用携带型仪器在高压回路上进行工作，需要高压设备停电或做安全措施的，应填用配电第一种工作票；不需要高压设备停电或做安全措施的，应填用配电第二种工作票。除使用特殊仪器外，所有使用携带型仪器的测量工作，均应在电流互感器和电压互感器的二次侧进行。

三、1000V 及以下低压电气工作

营销作业人员在低压配电箱、计量箱等低压场所范围内进行作业时，都应执行低压工作票。工作票由营销作业班组填写和签发，设备运维管理单位人员许可，配电运维一体化作业的许可人可以是工作班组成员。

业扩、故障处理、现场校验等低压电气工作时应填用低压工作票。

相同工作条件（停电或不停电）的低压批量用户新装、电能表轮换、低压采集运维等作业，用户清单可作为工作票附件。承、发包工程的工作票应实行"双签发"，设备运维管理单位履行电话许可手续。

第四节　用户侧现场作业中工作票使用

营销人员在用户侧开展电能计量、业扩报装、用电检查、分布式电源、充（换）电设备检修（试验）、综合能源等相关工作，都应执行工作票制度。工作票由营销作业班组填写和签发，用户设备运维管理人员许可；需电网侧设备配合停电时增加用户停送电联系人许可。高压用户方许可人由用户具备资质的电气工作人员担任，也可由用户委托承装（修、试）用户设备的施工方具备资质的电气人员担任。

一、业扩报装相关工作

（一）业扩现场勘查

业扩现场勘查工作中，营销服务人员在非公司产权设备范围内进行现场作业，应填用现场作业工作卡。

（二）中间检查

业扩中间检查工作中，营销服务人员在非公司产权设备范围内进行现场作业，应填用现场作业工作卡。

（三）竣工验收及送电

业扩报装工作中，营销服务人员在非公司产权设备范围内进行现场作业，应填用现场作业工作卡。

（四）计量装置安装

计量装置安装工作需要高压设备停电或做安全措施的，应填用配电第一种工作票；不需要将高压线路、设备停电或做安全措施者，应填用配电第二种工作票；非运用中的设备上的计量装置安装工作，可填用施工作业票。

二、用电检查相关工作

用电检查工作应填用现场作业工作卡。

在按照有关法律法规开展用户侧用电检查（反窃查违）现场作业时，可不经用户设备运维管理人员许可，由供电方许可人许可后，即可开展用电检查（反窃查违）相关工作。

三、分布式电源相关工作

分布式电源现场勘查、并网验收工作，应填用现场作业工作卡。

四、充换电服务相关工作

充换电设备安装、调试及接入、保养、检修等工作，应填用现场作业工作卡。

五、综合能源相关工作

综合能效、多能服务、新能源（屋顶光伏）建设、智能运维等工作，应填用现场作业工作卡。

六、电能替代相关工作

港口岸电、煤锅炉（窑炉）电能替代、电制冷及采暖等工作，应填用现场作业工作卡。

第三章
电力营销典型作业场景及典型作业票应用

电力营销现场作业主要有营业业扩类、用电检查类、电能计量类、智能用电类、综合能源，针对每类作业类型，选取典型的作业场景填写作业票。本章所列举各类典型作业票只针对给定的应用场景，在使用过程中应结合实际情况，按照第一章第三节的要求增减安全风险点及风险防范措施。

第一节　营业业扩类作业票

营业业扩现场作业，主要包括用户用电申请高压新装（高压增容）业扩报装的现场勘查、中间检查、竣工验收和送电现场作业工作，低压业扩现场作业工作，分布式电源申请并网的现场勘查、并网验收调试现场作业工作，地方电厂并网验收现场作业工作。根据《营销安规》规定，按现场作业场景，确定现场作业工作卡或相应电压等级的工作票。

一、高压新装现场勘查作业

高压新装现场勘查是指高压新装业扩报装流程中的现场勘查环节，按照用户用电申请的报装地址，在规定时限内预约用户现场勘查。此类现场作业宜采用现场作业工作卡。

（一）应用场景

××有限公司，用电申请高压新装 3000kVA，用电地址为××区××路 20 号。客户经理召集相关部门人员及预约用户现场勘查。当天天气预报为雷阵雨天气，用户配电房拟建在地下一楼，建筑物仍在施工中。

（二）卡（票）应用

现场作业工作卡

单位：国网××供电公司客户服务中心		编号：××-××-××
工作负责人：张××	班组：客户服务中心××班	
工作班成员：陈××、王××		共　2　人
计划工作时间	自 2023 年 05 月 10 日 09 时 00 分至 2023 年 05 月 10 日 16 时 00 分	

续表

用户名称	工作地点	工作指派人	派工时间	现场作业类型
××有限公司 （户号 00000000， 流程号 00000000）	××区××路 20 号	赵××	08:35	高压新装现场勘查

序号	工作现场风险点分析	注意事项及安全措施	逐项落实并打"√"
1	未按要求提前准备高压新装现场勘查所需的设备及资料	在执行高压新装现场勘查任务前，全面检查所带资料及设备，确保现场勘查工作正常进行	√
2	使用不合格的个人防护用品，或使用的防护用品不齐全。进入作业现场未按规定正确佩戴安全帽、着装	进入作业现场，必须穿全棉长袖工作服、绝缘鞋（靴）、戴安全帽	√
3	恶劣气候条件下，未采取有效安全措施	在六级及以上的大风以及暴雨、雷电、冰雹、大雾、沙尘暴等恶劣天气下，应停止露天高处作业	√
4	野外作业，现场工作人员防护措施不当	到达现场开始工作前，应认真观察现场环境，做好防范意外伤害的应对措施。现场工作必须采取必要的防护措施，注意防暑防寒，预防蛇咬、蜂蜇等意外发生	√
5	工作人员未注意地面的沟、坑、洞和施工机械，从事与工作无关的事情	工作人员应保持精力集中，注意地面的沟、坑、洞和基建设备等，防止摔伤、碰伤	√
6	基建工地易发生高空落物、碰伤、扎伤、摔伤等意外情况	进入用户基建工地，必须穿工作服、戴安全帽，不得在高空落物区通行或逗留	√
7	工作现场（地下室）照明设施亮度不足	工作现场光线较差时工作，要准备充分的照明工具，确保作业现场设备标识清晰	√
8	特殊作业区域未做好个人防护	根据作业区域的不同，采取不同的防护等级。原则上不进入隔离病区等区域，如进入须在专业医务人员的指导下穿戴防护用品，严格执行防护措施	√
9			

工作负责人签名	张××
工作许可人签名（供电公司）	陈××
工作许可人签名（用户）	李××
工作任务和现场安全措施已确认，工作班成员签名	陈××、王××

开工时间：2023 年 05 月 10 日 09 时 10 分

工作终结	工作负责人签名：张××	工作许可人签名：陈××
收工时间：2023 年 05 月 10 日 14 时 50 分		

注 1　现场作业工作卡应按以下程序执行：工作负责人办票→工作指派人签字→履行现场安全措施→工作人员现场检查安全措施→工作许可（含用户许可）→开工→工作结束→存档备案。

2　一张现场作业工作卡宜执行同一类营销现场工作，工作负责人可根据增加不同工作地点。

二、高压增容现场勘查作业

高压增容现场勘查是指高压增容业扩报装流程中的现场勘查环节，按照用户用电申请的报装地址，在规定时限内预约用户现场勘查。此类现场作业采用现场作业工作卡。

（一）应用场景

××有限公司，原有 2000kVA 容量，增容 1000kVA，合计容量 3000kVA，用电地址为××区××路 20 号。客户经理召集相关部门人员及预约用户现场勘查。当天天气预报为雷阵雨天气，用户配电房建在地下一楼，厂房扩建部分建筑物仍在施工中，企业生产危险品物品，严禁烟火。

（二）卡（票）应用

现场作业工作卡

单位：国网××供电公司　　　　　　　　　　　　　　　　编号：××-××-××

工作负责人：张××	班组：客户服务中心××班
工作班成员：陈××、王××	共　2　人

计划工作时间	自 2023 年 05 月 10 日 09 时 00 分 至 2023 年 05 月 10 日 16 时 00 分			
用户名称	工作地点	工作指派人	派工时间	现场作业类型
××有限公司 （户号 00000000， 流程号 00000000）	××区××路 20 号	赵××	08:35	高压增容现场勘查

序号	工作现场风险点分析	注意事项及安全措施	逐项落实并打"√"
1	未按要求提前准备高压增容现场勘查所需的设备及资料	在执行高压增容现场勘查任务前，全面检查所带资料及设备，确保高压增容现场勘查工作正常进行	√
2	使用不合格的个人防护用品，或使用的防护用品不齐全。进入作业现场未按规定正确佩戴安全帽、着装	进入作业现场，必须穿全棉长袖工作服、绝缘鞋（靴）、戴安全帽	√

序号	工作现场风险点分析	注意事项及安全措施	逐项落实并打"√"
3	恶劣气候条件下，未采取有效安全措施	在六级及以上的大风以及暴雨、雷电、冰雹、大雾、沙尘暴等恶劣天气下，应停止露天高处作业	√
4	野外作业，现场工作人员防护措施不当	到达现场开始工作前，应认真观察现场环境，做好防范意外伤害的应对措施。现场工作必须采取必要的防护措施，注意防暑防寒，预防蛇咬、蜂蜇等意外事情发生	√
5	工作人员未注意地面的沟坑、洞和施工机械，从事与工作无关的事情	工作人员应保持精力集中，注意地面的沟、坑、洞和基建设备等，防止摔伤、碰伤	√
6	基建工地易发生高空落物，碰伤、扎伤、摔伤等意外情况	进入用户基建工地，必须穿工作服、戴安全帽，不得在高空落物区通行或逗留	√
7	工作现场（地下室）照明设施亮度不足	工作现场光线较差时工作，要准备充分的照明工具，确保作业现场设备标识清晰	√
8	乱扔烟蒂可能引发责任性火灾	工作人员应遵守用户的现场管理制度，严禁在禁烟区吸烟；发现其他人员吸烟的，应予以当场制止	√
9	特殊作业区域未做好个人防护	根据作业区域的不同，采取不同的防护等级。原则上不进入隔离病区等区域，如进入须在专业医务人员的指导下穿戴防护用品，严格执行防护措施	√
10	现场勘查工作，误碰带电设备造成人身伤亡	进入带电设备区现场勘查工作至少两人共同进行，实行现场监护。勘查人员应掌握带电设备的位置，与带电设备保持足够安全距离，注意不要误碰、误动、误登运行设备	√
11	误入运行设备区域、用户生产危险区域	工作班成员应在用户电气工作人员的带领下进入工作现场，并在规定的工作范围内工作，做到对现场危险点、安全措施等情况清楚了解	√
12	查看带电设备时，安全措施不到位，安全距离无法保证	进入带电设备区设专人监护，严格监督带电设备与周围设备及工作人员的安全距离是否足够，不得操作用户设备。对用户设备状态不明时，均视为运行设备。不得进行与现场勘查无关的工作	√
13	擅自操作用户设备	明确产权分界点，加强监护，严禁操作用户设备。确定需要操作的，必须由用户专业人员进行	√
14			

续表

工作负责人签名	张××	
工作许可人签名（供电公司）	陈××	
工作许可人签名（用户）	李××	
工作任务和现场安全措施已确认，工作班成员签名	陈××、王××	
开工时间：2023 年 05 月 10 日 09 时 10 分		
工作终结	工作负责人签名：张××	工作许可人签名：陈××
收工时间：2023 年 05 月 10 日 14 时 50 分		

三、高压业扩中间检查（上门服务）作业

高压业扩中间检查（上门服务）是指高压业扩报装流程中对双电源、专线用户的隐蔽工程中间检查，按照用户用电申请的报装地址，在规定时限内预约用户进行中间检查。此类现场作业采用现场作业工作卡。

（一）应用场景

××有限公司，高压新装 8000kVA，专用电缆线路供电，用电地址为××区××路20 号。客户经理召集相关部门人员及预约用户，对电缆线路、接地网进行现场中间检查。用户配电房拟建在地下一楼，建筑物仍在施工中，电缆管道、杆塔建在野外，当天天气良好。

（二）卡（票）应用

现场作业工作卡

单位：国网××供电公司　　　　　　　　　　　　　　　　编号：××-××-××

工作负责人：张××		班组：客户服务中心××班		
工作班成员：陈××、王××			共 2 人	
计划工作时间	自 2023 年 05 月 10 日 09 时 00 分 至 2023 年 05 月 10 日 16 时 00 分			
用户名称	工作地点	工作指派人	派工时间	现场作业类型
××有限公司 （户号 00000000， 流程号 00000000）	××区××路20 号	赵××	08:35	高压业扩中间检查

序号	工作现场风险点分析	注意事项及安全措施	逐项落实并打"√"
1	未按要求提前准备高压业扩中间检查所需的设备及资料	在执行高压业扩中间检查任务前，全面检查所带资料及设备，确保中间检查工作正常进行	√

续表

序号	工作现场风险点分析	注意事项及安全措施	逐项落实并打"√"
2	使用不合格的个人防护用品，或使用的防护用品不齐全。进入作业现场未按规定正确佩戴安全帽、着装	进入作业现场，必须穿全棉长袖工作服、绝缘鞋（靴）、戴安全帽	√
3	野外作业，现场工作人员防护措施不当	到达现场开始工作前，应认真观察现场环境，做好防范意外伤害的应对措施。现场工作必须采取必要的防护措施，注意防暑防寒，预防蛇咬、蜂蜇等意外发生	√
4	工作人员未注意地面的沟坑、洞和施工机械，从事与工作无关的事情	工作人员应保持精力集中，注意地面的沟、坑、洞和基建设备等，防止摔伤、碰伤	√
5	基建工地易发生高空落物、碰伤、扎伤、摔伤等意外情况	进入用户基建工地，必须穿工作服、戴安全帽，不得在高空落物区通行或逗留	√
6	工作现场（地下室）照明设施亮度不足	工作现场光线较差时工作，要准备充分的照明工具，确保作业现场设备标识清晰	√
7	特殊作业区域未做好个人防护	根据作业区域的不同，采取不同的防护等级。原则上不进入隔离病区等区域，如进入须在专业医务人员的指导下穿戴防护用品，严格执行防护措施	√
8	误碰带电设备触电；误入运行设备区域触电、用户生产危险区域	中间检查工作至少两人共同进行。要求用户方或施工方进行现场安全交底，做好相关安全技术措施，确认工作范围内的设备已停电、安全措施符合现场工作需要，明确设备带电与不带电部位、施工电源供电区域。中间检查人员应掌握带电设备的位置，与带电设备保持足够安全距离，注意不要误碰、误动、误登运行设备	√
9	查看带电设备时，安全措施不到位，安全距离无法保证	进入带电设备区设专人监护，严格监督带电设备与周围设备及工作人员的安全距离是否足够，不得操作用户设备。对用户设备状态不明时，均视为运行设备。不得进行与中间检查无关的工作	√
10	擅自操作用户设备	明确产权分界点，加强监护，严禁操作用户设备。如确定需要操作的，必须由用户专业人员进行	√

续表

序号	工作现场风险点分析	注意事项及安全措施	逐项落实并打"√"
11	隐蔽工程检查作业攀爬登高梯子跌落摔伤	登高使用梯子时，梯子与地面的角度为60°左右，并有可靠的防滑措施，在梯子上的站立位置不超过梯子限高标志	√
12			

工作负责人签名	张××
工作许可人签名（供电公司）	陈××
工作许可人签名（用户）	李××
工作任务和现场安全措施已确认，工作班成员签名	陈××、王××

开工时间：2023 年 05 月 10 日 09 时 10 分

工作终结	工作负责人签名：张××	工作许可人签名：陈××

收工时间：2023 年 05 月 10 日 14 时 50 分

四、高压业扩报装竣工验收作业

高压业扩报装竣工验收是指高压业扩报装流程中，用户按照审核合格的设计文件，完成受电工程施工，并通过供电企业竣工报验业扩报装纸质资料审核合格后，按用户用电申请报装地址，在规定时限内预约用户进行竣工验收（检验）。此类现场作业采用现场作业工作卡。如需竣工验收是高压增容用户，或受电工程邻近有带电高压线路或设备，其安全距离大于《营销安规》规定，不需要将高压线路、设备停电或做安全措施者，现场作业可采用现场作业工作卡或配电第二种工作票。

（一）应用场景一：高压新装业扩报装竣工验收（检验）

××有限公司，高压新装 3000kVA，用电地址为××区××路 20 号。客户经理召集相关部门人员及预约用户，对用户受电工程（包含进线电缆或专用供电线路）进行竣工验收（检验）。当天天气预报为多云天气，用户配电房建在地下一楼，建筑物仍在施工中，（电缆、架空）专线供电线路建在野外。

（二）卡（票）应用：现场作业工作卡

现场作业工作卡

单位：国网××供电公司　　　　　　　　　　　　　　　编号：××-××-××

工作负责人：张××	班组：客户服务中心××班
工作班成员：陈××、王××	共 2 人
计划工作时间	自 2023 年 05 月 10 日 09 时 00 分 至 2023 年 05 月 10 日 16 时 00 分

续表

用户名称	工作地点	工作指派人	派工时间	现场作业类型
××有限公司 （户号00000000， 流程号00000000）	××区××路20号	赵××	08:35	高压业扩报装竣工验收

序号	工作现场风险点分析	注意事项及安全措施	逐项落实并打"√"
1	未按要求提前准备高压业扩报装竣工验收所需的设备及资料	在执行高压业扩报装竣工验收任务前，全面检查所带资料及设备，确保用户受电工程竣工验收工作正常进行	√
2	使用不合格的个人防护用品，或使用的防护用品不齐全。进入作业现场未按规定正确佩戴安全帽、着装	进入作业现场，必须穿全棉长袖工作服、绝缘鞋（靴）、戴安全帽	√
3	野外作业，现场工作人员防护措施不当	到达现场开始工作前，应认真观察现场环境，做好防范意外伤害的应对措施。现场工作必须采取必要的防护措施，注意防暑防寒，预防蛇咬、蜂蜇等意外发生	√
4	工作人员未注意地面的沟坑、洞和施工机械，从事与工作无关的事情	工作人员应保持精力集中，注意地面的沟、坑、洞和基建设备等，防止摔伤、碰伤	√
5	基建工地易发生高空落物，碰伤、扎伤、摔伤等意外情况	进入用户基建工地，必须穿工作服、戴安全帽，不得在高空落物区通行或逗留	√
6	工作现场（地下室）照明设施亮度不足	工作现场光线较差时工作，要准备充分的照明工具，确保作业现场设备标识清晰	√
7	特殊作业区域未做好个人防护	根据作业区域的不同，采取不同的防护等级。原则上不进入隔离病区等区域，如进入须在专业医务人员的指导下穿戴防护用品，严格执行防护措施	√
8	误碰带电设备触电；误入运行设备区域触电、用户生产危险区域	竣工检验工作至少两人共同进行。要求用户方或施工方进行现场安全交底，做好相关安全技术措施，确认工作范围内的设备已停电、安全措施符合现场工作需要，明确设备带电与不带电部位、施工电源供电区域。竣工检验人员应掌握带电设备的位置，与带电设备保持足够安全距离，注意不要误碰、误动、误登运行设备	√
9	擅自操作用户设备	明确产权分界点，加强监护，严禁操作用户设备。确需操作的，必须由用户专业人员进行	√

续表

序号	工作现场风险点分析	注意事项及安全措施	逐项落实并打"√"
10	多专业、多班组工作协调配合不到位出现组织措施、技术措施缺失或不完整	涉及多专业、多班组参与的项目，由竣工检验现场负责人牵头（客户服务中心），由各相关专业技术人员参加，成立检验小组。现场负责人对工作现场进行统一安全交底，明确职责，各专业负责落实相关安全措施和责任。现场负责人应做好现场协调工作。工作必须由用户方或施工方熟悉环境和电气设备的人员配合进行	√
11	竣工验收检查作业攀爬登高梯子跌落摔伤	登高使用梯子时，梯子与地面的角度为60°左右，并有可靠的防滑措施，在梯子上的站立位置不超过梯子限高标志	√
12	登高作业高处坠物	登高作业应系好安全带，禁止将工器具及材料上下投掷，应用绳索拴牢传递	√
13			

工作负责人签名	张××
工作许可人签名（供电公司）	陈××
工作许可人签名（用户）	李××
工作任务和现场安全措施已确认，工作班成员签名	陈××、王××

开工时间：2023 年 05 月 10 日 09 时 10 分

工作终结	工作负责人签名：张××	工作许可人签名：陈××

收工时间：2023 年 05 月 10 日 14 时 50 分

（三）应用场景二：高压增容业扩报装竣工验收

××有限公司，高压增容 1000kVA 变压器 1 台，合计容量 3000kVA，用电地址为××区××路 20 号。用户受电工程增容部分 1000kVA 高低压配电装置已安装，与原高压母线段未连接。客户经理召集相关部门人员及预约用户，对用户受电工程增容部分进行竣工验收（检验），原设备进行查看。当天天气预报为雷阵雨天气，用户配电房建在地下一楼，企业生产危险品物品，严禁烟火。

客户经理为工作负责人，现场竣工验收前，应与用户电气负责人进行现场安全交底，明确带电设备的位置，增容部分配电设备竣工验收时，应有专人监护，防止走错间隔，与带电设备保持足够的安全距离。

（四）卡（票）应用：配电第二种工作票

配电第二种工作票

单位　__国网××供电公司__　　　　　　　　　　　　　编号　__××-××-××__

1. 工作负责人　__张××__　　　　　　　　　　　　班组　__客户服务中心××班__

2. 工作班成员（不包括工作负责人）　　　__陈××　、王××__　　　　　共　__2__　人。

3. 工作任务

工作地点或设备双重名称	工作内容
××有限公司（户号000000，流程号000000000000，用电地址：××区××路20号），受电工程增容部分进行竣工验收（检验），原设备（运行）进行查看	高压业扩报装竣工验收

4. 计划工作时间：自　__2023__　年　__05__　月　__10__　日　__09__　时　__00__　分
　　　　　　　　　　至　__2023__　年　__05__　月　__10__　日　__16__　时　__00__　分

5. 工作条件和安全措施（必要时可附页绘图说明）

　　（1）运行设备应悬挂"高压有电"警示牌；

　　（2）对带电部分裸露的电气设备（油浸变压器）应有安全遮栏；

　　（3）现场竣工验收应有专人监护，与带电设备保持足够的安全距离；

　　（4）不得擅自操作用户设备，确定需要操作的，必须由用户专业人员进行。

工作票签发人签名　__赵××__　　　　　　　__2023__年__05__月__10__日__08__时__30__分

工作负责人签名　__张××__　　　　　　　　__2023__年__05__月__10__日__08__时__30__分

6. 现场补充的安全措施

　　__无。__

7. 工作许可

许可单位	许可的线路、设备	许可方式	工作许可人签名	工作负责人签名	许可工作（或开工）时间
供电公司	10kV××公司增容部分配电设备	现场许可	陈××	张××	2023年05月10日09时05分
用户	10kV××公司增容部分配电设备	现场许可	钱××	张××	2023年05月10日09时05分

8. 现场交底，工作班成员确认工作负责人布置的工作任务、人员分工、安全措施和注意事项并签名：

　　陈××、王××

工作开始时间　__2023__年__05__月__10__日__09__时__10__分　　工作负责人签名　__张××__

9. 工作票延期：有效期延长到_____年____月____日____时____分。

工作负责人签名_____年____月____日____时____分

工作许可人签名_____年____月____日____时____分

工作许可人（用户）签名_____年____月____日____时____分

10. 工作完工时间 2023 年 05 月 10 日 14 时 50 分 工作负责人签名____张××____

11. 工作终结

11.1 工作班人员已全部撤离现场，材料工具已清理完毕，杆塔、设备上已无遗留物。

11.2 工作终结报告

许可单位	终结的线路或设备	报告方式	工作负责人签名	工作许可人签名	终结报告（或结束）时间
供电公司	增容部分配电设备	现场报告	张××	陈××	2023 年 05 月 10 日 14 时 50 分
用户	增容部分配电设备	现场报告	张××	钱××	2023 年 05 月 10 日 14 时 50 分

12. 备注

12.1 指定专责监护人_____负责监护_____（地点及具体工作）

12.2 其他事项

____（1）进入作业现场，必须穿全棉长袖工作服、绝缘鞋（靴）、戴安全帽。

____（2）工作人员应保持精力集中，注意地面的沟、坑、洞和基建设备等，防止摔伤、碰伤。

____（3）不从事与工作无关的事情。

____（4）进入用户基建工地，必须穿工作服、戴安全帽，不得在高空落物区通行或逗留，防止碰伤、扎伤、摔伤等意外情况。

____（5）现场照明设施亮度不足，光线较差时工作，要准备充分的照明工具，确保作业现场设备标识清晰。

____（6）六级及以上的大风以及暴雨、雷电、冰雹、大雾、沙尘暴等恶劣天气下，应停止露天高处作业。

____（7）进入厂区，工作人员应遵守用户的现场管理制度，严禁在禁烟区吸烟；发现其他人员吸烟的，应予以当场制止。

五、高压业扩报装（停）送电作业

高压业扩报装（停）送电是指高压业扩报装流程中，用户受电工程通过供电企业竣工验收后，完成计量装置的安装，并在规定时限内预约用户进行送电工作。此类现场作业采用《现场作业工作卡》。如送电工作是高压增容用户，需同一时间停电改造原配电设备，与增容部分的配电设备连接后再进行送电，现场作业可采用现场作业工作卡或配电第一种工作票。

（一）应用场景一：高压新装业扩报装送电

××有限公司，高压新装 3000kVA，用电地址为××区××路 20 号。客户经理召集相关部门人员及预约用户，对用户受电工程进行送电。当天天气良好，用户配电房拟建在地下一楼，建筑物仍在施工中。

（二）卡（票）应用：现场作业工作卡

现场作业工作卡

单位：国网××供电公司　　　　　　　　　　　编号：××-××-××

工作负责人：张××	班组：客户服务中心××班			
工作班成员：陈××、王××		共　2　人		
计划工作时间	自 2023 年 05 月 10 日 09 时 00 分 至 2023 年 05 月 10 日 16 时 00 分			
用户名称	工作地点	工作指派人	派工时间	现场作业类型
××有限公司 （户号 00000000， 流程号 00000000）	××区××路 20 号	赵××	08:35	高压业扩报 装送电

序号	工作现场风险点分析	注意事项及安全措施	逐项落实并打"√"
1	未按要求提前准备高压业扩报送电所需的设备及资料	在执行高压业扩报装送电任务前，全面检查所带资料及设备，确保用户受电装置送电工作正常进行	√
2	使用不合格的个人防护用品，或使用的防护用品不齐全。进入作业现场未按规定正确佩戴安全帽、着装	进入作业现场，必须穿全棉长袖工作服、绝缘鞋（靴）、戴安全帽	√
3	野外作业，现场工作人员防护措施不当	到达现场开始工作前，应认真观察现场环境，做好防范意外伤害的应对措施。现场工作必须采取必要的防护措施，注意防暑防寒，预防蛇咬、蜂蜇等意外发生	√
4	工作人员未注意地面的沟坑、洞和施工机械，从事与工作无关的事情	工作人员应保持精力集中，注意地面的沟、坑、洞和基建设备等，防止摔伤、碰伤	√
5	基建工地易发生高空落物、碰伤、扎伤、摔伤等意外情况	进入用户基建工地，必须穿工作服、戴安全帽，不得在高空落物区通行或逗留	√
6	工作现场（地下室）照明设施亮度不足	工作现场光线较差时工作，要准备充分的照明工具，确保作业现场设备标识清晰	√
7	特殊作业区域未做好个人防护	根据作业区域的不同，采取不同的防护等级。原则上不进入隔离病区等区域，如进入须在专业医务人员的指导下穿戴防护用品，严格执行防护措施	√

续表

序号	工作现场风险点分析	注意事项及安全措施	逐项落实并打"√"
8	误碰带电设备触电；误入运行设备区域触电、用户生产危险区域	竣工检验工作至少两人共同进行。要求用户方或施工方进行现场安全交底，做好相关安全技术措施，确认工作范围内的设备已停电、安全措施符合现场工作需要，明确设备带电与不带电部位、施工电源供电区域。竣工检验人员应掌握带电设备的位置，与带电设备保持足够安全距离，注意不要误碰、误动、误登运行设备	√
9	擅自操作用户设备	明确产权分界点，加强监护，严禁操作用户设备。确定需要操作的，必须由用户专业人员进行	√
10	竣工验收检查作业攀爬登高梯子跌落摔伤	登高使用梯子时，梯子与地面的角度为60°左右，并有可靠的防滑措施，在梯子上的站立位置不超过梯子限高标志	√
11	登高作业高处坠物	登高作业应系好安全带，禁止将工器具及材料上下投掷，应用绳索拴牢传递	√
12	多专业、多班组工作协调配合不到位出现组织措施、技术措施缺失或不完整	涉及多专业、多班组参与高压受电工程接电项目，按需要制订启动（送电）方案，明确投运现场负责人，由现场负责人（客户服务中心）组织各相关专业技术人员参加，成立投运工作小组。由现场负责人组织开展安全交底和安全检查，明确职责，各专业分别落实相关安全措施并向负责人确认设备具备投运条件，现场工作必须由用户方或施工方熟悉环境和电气设备的人员配合进行。不得进行与送电无关的工作	√
13	用户工程未竣工检验或检验不合格即送电	未经检验或检验不合格的用户受电工程，严禁接（送电）。发现未经检验或检验不合格但已擅自送电的用户受电工程，必须立即采取停电措施	√
14	工作现场清理不到位，安全措施未解除，未达到投运条件	送电前应先对临时电源进行销户并拆除与供电电源点的一次连接线；送电前，应认真检查设备状况，有无遗漏安全措施未拆除，确保现场检查到位	√
15	未正确核对用户受电设备状态进行送电	严格履行用户设备送电程序，严禁新设备擅自投运或带电	√
16	未严格执行投运启动方案	送电前必须核对设备命名；严格执行投运启动方案，按调度指令项执行；不得擅自简化启动方案环节	√
17			
18			

续表

工作负责人签名	张××
工作许可人签名（供电公司）	陈××
工作许可人签名（用户）	李××
工作任务和现场安全措施已确认，工作班成员签名	陈××、王××

开工时间：2023 年 05 月 10 日 09 时 10 分

工作终结	工作负责人签名：张××	工作许可人签名：陈××

收工时间：2023 年 05 月 10 日 14 时 50 分

（三）应用场景二：高压增容业扩报装（停）送电

××有限公司，高压增容 1000kVA 变压器 1 台，原有变压器 1000kVA 2 台，合计容量 3000kVA，用电地址为××区××路 20 号。送电当天用户需要原受电设备改造，增容部分 1000kVA 高低压配电装置需高压拼柜与原高压母线段连接，进线电缆、计量用电流互感器、进线柜保护用电流互感器更换，进线电缆高压试验。客户经理预约用户，协调供电所，对用户高压增容业扩报装的受电工程进行（停）送电。当天天气预报为雷阵雨天气，用户配电房建在地下一楼，企业生产危险品物品，严禁烟火。

（四）卡（票）应用：配电第一种工作票

配电第一种工作票

单位　国网××供电公司　　　　　　　　　　编号　××-××-××

1. 工作负责人　张××　　　　　　　　班组　客户服务中心××班

2. 工作班成员（不包括工作负责人）　　　陈××、王××　　　　　共　2　人。

3. 工作任务

工作地点或设备双重名称	工作内容
××有限公司（户号 000000，流程号 000000000000，用电地址：××区××路 20 号），用户高压增容业扩报装的受电工程进行（停）送电	高压增容业扩报装（停）送电

4. 计划工作时间：自　2023　年　05　月　10　日　09　时　00　分

　　　　　　　　　至　2023　年　05　月　10　日　16　时　00　分

5．安全措施（必要时可附页绘图说明）❶

5.1 调控或运维人员应采取的安全措施	已执行
（1）拉开 10kV 高配 1 号、2 号主变出线柜开关、母线压变柜开关、计量柜压变开关柜改为冷备用并确认	
（2）合上高配 1 号、2 号主变出线侧接地闸刀并确认	
（3）拉开 10kV 高配进线柜开关改为冷备用并确认	
（4）拉开 10kV 高配进线隔离柜闸刀改为检修用并确认	
（5）在高配 10kV 进线隔离柜进线侧挂 1 接地线一副并确认	
（6）在 10kV 高配进线隔离柜和开关柜、1 号主变、2 号主变开关操作手柄上挂"禁止合闸，有人工作！"标示牌	
（7）工作负责人许可供电所人员可以操作线路开关停电	
5.2 工作班完成的安全措施	已执行
（1）在高配 10kV 进线隔离柜进线侧挂 1 号接地线一副并确认	
（2）合上高配 1 号、2 号主变出线侧接地闸刀并确认	
（3）在 10kV 高配进线隔离柜和开关柜、1 号主变、2 号主变开关操作手柄上挂"禁止合闸，有人工作！" 标示牌	

5.3 工作班装设（或拆除）的接地线

线路名称或设备双重名称和装设位置	接地线编号	装设时间	拆除时间

5.4 配合停电线路应采取的安全措施	已执行
在高配 10kV 进线隔离柜进线侧挂 1 号接地线一副	

5.5 保留或邻近的带电线路、设备

　无。

5.6 其他安全措施和注意事项

　高压试验加强监护。

工作票签发人签名　　赵××　　　　　　　　　　2023 年 05 月 10 日 08 时 30 分

工作负责人签名　　张××　　　　　　　　　　2023 年 05 月 10 日 08 时 30 分

5.7 其他安全措施和注意事项补充（由工作负责人或工作许可人填写）

　在无盖板的电缆沟上加设警示围栏，防止工作人员坠入电缆沟。

---

❶ 根据实际现场工作需要，本书示例中使用专有名词的惯用简称，例如高配代表高压配电房，主变代表主变压器，压变代表电压互感器，刀闸代表隔离开关，接地闸刀代表接地开关等。

6. 工作许可

许可单位	许可的线路或设备	许可方式	工作许可人签名	工作负责人签名	许可工作的时间
供电公司	10kV××公司增容部分配电设备	现场许可	陈××	张××	2023 年 05 月 10 日 09 时 05 分
用户	10kV××公司增容部分配电设备	现场许可	钱××	张××	2023 年 05 月 10 日 09 时 05 分
					年 月 日 时 分
					年 月 日 时 分

7. 工作任务单登记

工作任务单编号	工作任务	小组负责人	工作许可时间	工作结束报告时间

8. 现场交底，工作班成员确认工作负责人布置的工作任务、人员分工、安全措施和注意事项并签名：

_____

9. 人员变更

9.1 工作负责人变动情况：原工作负责人_____离去，变更_____为工作负责人。

工作票签发人签名_____ _____年___月___时____分

原工作负责人签名确认_____新工作负责人签名确认_____

_____年____月____日____时____分

9.2 工作人员变动情况

新增人员	姓名				
	变更时间				
离开人员	姓名				
	变更时间				

工作负责人签名_____

10. 工作票延期：有效期延长到 _____年____月____日____时____分

工作负责人签名_____ _____年___月___日____时____分

工作许可人签名_____ _____年___月___日____时____分

工作许可人（用户）签名_____ _____年___月___日____时____分

11. 每日开工和收工记录（使用一天的工作票不必填写）

收工时间	工作负责人	工作许可人	开工时间	工作许可人	工作负责人

12. 工作终结

12.1 工作班现场所装设接地线共＿＿1＿＿组、个人保安线共＿＿＿＿＿＿组已全部拆除，工作班人员已全部撤离现场，材料工具已清理完毕，杆塔、设备上已无遗留物。

12.2 工作终结报告

许可单位	终结的线路或设备	报告方式	工作负责人签名	工作许可人签名	终结报告（或结束）时间
供电公司	增容部分配电设备	现场报告	张××	陈××	2023 年 5 月 10 日 14 时 50 分
用户	增容部分配电设备	现场报告	张××	钱××	2023 年 5 月 10 日 14 时 50 分

13. 备注

13.1 指定专责监护人＿＿＿＿＿＿＿＿＿＿＿＿负责监护＿＿＿＿＿＿＿＿＿＿＿＿＿＿＿＿＿＿＿＿＿＿（地点及具体工作）

13.2 其他事项

＿＿（1）进入作业现场，必须穿全棉长袖工作服、绝缘鞋（靴）、戴安全帽；＿＿＿＿＿＿＿＿＿＿

＿＿（2）工作人员应保持精力集中，注意地面的沟、坑、洞和基建设备等，防止摔伤、碰伤；＿＿

＿＿（3）不从事与工作无关的事情；＿＿＿＿＿＿＿＿＿＿＿＿＿＿＿＿＿＿＿＿＿＿＿＿＿＿＿＿＿＿

＿＿（4）进入用户基建工地，必须穿工作服、戴安全帽，不得在高空落物区通行或逗留，防止碰伤、扎伤、摔伤等意外情况；＿＿＿＿＿＿＿＿＿＿＿＿＿＿＿＿＿＿＿＿＿＿＿＿＿＿＿＿＿＿＿＿＿＿＿

＿＿（5）现场勘查场地照明设施亮度不足，光线较差时工作，要准备充分的照明工具，确保作业现场设备标识清晰；＿＿＿＿＿＿＿＿＿＿＿＿＿＿＿＿＿＿＿＿＿＿＿＿＿＿＿＿＿＿＿＿＿＿＿＿＿＿＿

＿＿（6）六级及以上的大风以及暴雨、雷电、冰雹、大雾、沙尘暴等恶劣天气下，应停止露天高处作业；

＿＿（7）进入厂区，工作人员应遵守用户的现场管理制度，严禁在禁烟区吸烟；发现其他人员吸烟的，应予以当场制止。＿＿＿＿＿＿＿＿＿＿＿＿＿＿＿＿＿＿＿＿＿＿＿＿＿＿＿＿＿＿＿＿＿＿＿＿＿＿＿

　　附图：

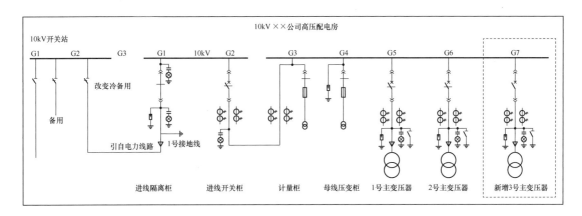

六、低压业扩现场作业

低压业扩现场作业，主要有低压现场勘查环节，在规定时限内预约用户进行低压业扩现场勘查。此类现场作业采用低压工作票。

（一）应用场景

蒋××，低压业扩报装新装 40kW380V 低压充电桩，用电地址为××区××路 20 号小区×幢×单元。客户经理预约用户，对用户申请充电桩用电进行现场勘查。当天天气良好，用户停车位在地下一楼。

（二）卡（票）应用

低压工作票

单位___××供电所___   编号___××-××-××___

1．工作负责人___张××___   班组___××供电所低压班___

2．工作班成员（不包括工作负责人）___陈××、李××___   共_2_人。

3．工作的线路名称或设备双重名称（多回路应注明双重称号及方位）、工作任务：

___蒋××，低压业扩报装新装 40kW380V 低压充电桩现场勘查工作（××区××路 20 号××小区×幢×___

___单元）___

4．计划工作时间：自___2023___年___05___月___10___日___09___时___00___分

至___2023___年___05___月___10___日___16___时___00___分

5．安全措施（必要时可附页绘图说明）：

5.1　工作的条件和应采取的安全措施（停电、接地、隔离和装设的安全遮栏、围栏、标示牌等）：

___（1）穿全棉长袖工作服和绝缘鞋，正确佩戴安全帽；___

___（2）与带电设备保持规定的安全距离；___

___（3）确认设备外壳可靠接地，试用验电笔验电确无电压后方可触碰；___

___（4）登高使用梯子时，梯子与地面的角度为60°左右，并有可靠的防滑措施，在梯子上的站立位置不超___

___过梯子限高标志；___

（5）登高作业应系好安全带，禁止将工器具及材料上下投掷，应用绳索拴牢传递。

5.2 保留的带电部位

现场勘查充电桩接电点及相邻设备带电！

5.3 其他安全措施和注意事项

（1）现场勘查前认真检查安全工器具的正确性、完备性。

（2）现场勘查时与低压带电部位保持足够的安全距离。

（3）工作现场（地下室）光线较差时工作，要准备充分的照明工具，确保作业现场设备标识清晰。

工作票签发人签名___赵××___   ___2023_年_05_月_10_日_08_时_30_分

工作负责人签名___张××___   ___2023_年_05_月_10_日_08_时_30_分

6. 工作许可

6.1 现场补充的安全措施

据作业区域的不同，采取不同防护等级的防护用品。

6.2 确认本工作票安全措施正确完备，许可工作开始

许可方式___当面许可___许可工作时间_2023_年_05_月_10_日_09_时_05_分

工作许可人签名___陈××___   工作负责人签名___张××___

7. 现场交底，工作班成员确认工作负责人布置的工作任务、人员分工、安全措施和注意事项并签名：

陈××、李××

8. 工作票终结

工作班现场所装设接地线共___组、个人保安线共___组已全部拆除，工作班人员已全部撤离现场，工具、材料已清理完毕，杆塔、设备上已无遗留物。

工作负责人签名___张××___   工作许可人签名___陈××___

工作终结时间_2022_年_05_月_10_日_14_时_00_分

9. 备注：

无。

七、分布式电源现场勘查作业

分布式电源现场勘查是指分布式电源并网申请业扩报装流程中的现场勘查环节，按照用户分布式电源并网申请的报装地址，在规定时限内预约用户现场勘查。此类现场作业采用现场作业工作卡。

（一）应用场景

××有限公司，分布式电源（光伏）申请并网容量300kW，并网地址为××区××路20号。客户经理召集相关部门人员及预约用户现场勘查。当天天气良好，用户配电房建在地下一楼，光伏板建在屋顶，企业生产危险品物品，严禁烟火。

（二）卡（票）应用

现场作业工作卡

单位：国网××供电公司　　　　　　　　　　　　　　编号：××-××-××

工作负责人：张××	班组：客户服务中心××班
工作班成员：陈××、王××	共　2　人

计划工作时间	自 2023 年 05 月 10 日 09 时 00 分 至 2023 年 05 月 10 日 16 时 00 分			
用户名称	工作地点	工作指派人	派工时间	现场作业类型
××有限公司（户号 00000000，流程号 00000000）	××区××路 20 号	赵××	08:35	分布式电源现场勘查

序号	工作现场风险点分析	注意事项及安全措施	逐项落实并打"√"
1	未按要求提前准备分布式电源现场勘查所需的设备及资料	在执行分布式电源现场勘查任务前，全面检查所带资料及设备，确保分布式电源现场勘查工作正常进行	√
2	使用不合格的个人防护用品，或使用的防护用品不齐全。进入作业现场未按规定正确佩戴安全帽、着装	进入作业现场，必须穿全棉长袖工作服、绝缘鞋（靴）、戴安全帽	√
3	分布式电源现场勘查野外作业，现场工作人员防护措施不当	到达现场开始工作前，应认真观察现场环境，做好防范意外伤害的应对措施。现场工作必须采取必要的防护措施，注意防暑防寒，预防蛇咬、蜂蜇等意外发生	√
4	工作人员未注意地面的沟坑、洞和施工机械，从事与工作无关的事情	工作人员应保持精力集中，注意地面的沟、坑、洞和基建设备等，防止摔伤、碰伤	√
5	工作现场（地下室）照明设施亮度不足	工作现场光线较差时工作，要准备充分的照明工具，确保作业现场设备标识清晰	√
6	乱扔烟蒂可能引发责任性火灾	工作人员应遵守用户的现场管理制度，严禁在禁烟区吸烟；发现其他人员吸烟的，应予以当场制止	√
7	特殊作业区域未做好个人防护	根据作业区域的不同，采取不同的防护等级。原则上不进入隔离病区等区域，如进入须在专业医务人员的指导下穿戴防护用品，严格执行防护措施	√

续表

序号	工作现场风险点分析	注意事项及安全措施	逐项落实并打"√"
8	分布式电源现场勘查工作，误碰带电设备造成人身伤亡	进入带电设备区现场勘查工作至少两人共同进行，实行现场监护。勘查人员应掌握带电设备的位置，与带电设备保持足够安全距离，注意不要误碰、误动、误登运行设备	√
9	误入运行设备区域、用户生产危险区域	工作班成员应在用户电气工作人员的带领下进入工作现场，并在规定的工作范围内工作，做到对现场危险点、安全措施等情况清楚了解	√
10	查看带电设备时，安全措施不到位，安全距离无法保证	进入带电设备区设专人监护，严格监督带电设备与周围设备及工作人员的安全距离是否足够，不得操作用户设备。对用户设备状态不明时，均视为运行设备。不得进行与现场勘查无关的工作	√
11	擅自操作用户设备	明确产权分界点，加强监护，严禁操作用户设备。确定需要操作的，必须由用户专业人员进行	√
12	设备外壳漏电引起触电	确认设备外壳可靠接地后方可触碰	√
13	分布式电源现场勘查作业攀爬登高梯子跌落摔伤	登高使用梯子时，梯子与地面的角度为60°左右，并有可靠的防滑措施，在梯子上的站立位置不超过梯子限高标志	√
14	登高作业高处坠物	登高作业应系好安全带，禁止将工器具及材料上下投掷，应用绳索拴牢传递	√
15			
工作负责人签名	张××		
工作许可人签名（供电公司）	陈××		
工作许可人签名（用户）	李××		
工作任务和现场安全措施已确认，工作班成员签名	陈××、王××		

开工时间：2023 年 05 月 10 日 09 时 10 分

工作终结	工作负责人签名：张××	工作许可人签名：陈××

收工时间：2023 年 05 月 10 日 14 时 50 分

八、分布式电源并网验收调试作业

分布式电源并网验收调试是指分布式电源并网申请业扩报装流程中的并网验收调试环节，按照用户分布式电源并网申请的报装地址，在规定时限内预约用户现场并网验收调试。

此类现场作业采用现场作业工作卡。

（一）应用场景

××有限公司，分布式电源（光伏）申请并网容量300kW，并网地址为××区××路20号。客户经理召集相关部门人员及预约用户现场并网验收调试。当天天气预报为雷阵雨天气，用户配电房建在地下一楼，光伏板建在屋顶，企业生产危险品物品，严禁烟火。

（二）卡（票）应用

现场作业工作卡

单位：国网××供电公司　　　　　　　　　　　　　　　　编号：××-××-××

工作负责人：张××		班组：客户服务中心××班		
工作班成员：陈××、王××			共　2　人	
计划工作时间	自 2023 年 05 月 10 日 09 时 00 分 至 2023 年 05 月 10 日 16 时 00 分			
用户名称	工作地点	工作指派人	派工时间	现场作业类型
××有限公司 （户号 00000000， 流程号 00000000）	××区××路 20 号	赵××	08:35	分布式电源并网验收调试

序号	工作现场风险点分析	注意事项及安全措施	逐项落实并打"√"
1	未按要求提前准备分布式电源并网验收调试所需的设备及资料	在执行分布式电源并网验收调试任务前，全面检查所带资料及设备，确保分布式电源并网验收调试工作正常进行	√
2	使用不合格的个人防护用品，或使用的防护用品不齐全。进入作业现场未按规定正确佩戴安全帽、着装	进入作业现场，必须穿全棉长袖工作服、绝缘鞋（靴）、戴安全帽	√
3	分布式电源设备验收在恶劣气候条件下，未采取有效安全措施	在六级及以上的大风以及暴雨、雷电、冰雹、大雾、沙尘暴等恶劣天气下，应停止露天高处作业	√
4	分布式电源设备验收野外作业，现场工作人员防护措施不当	到达现场开始工作前，应认真观察现场环境，做好防范意外伤害的应对措施。现场工作必须采取必要的防护措施，注意防暑防寒，预防蛇咬、蜂蜇等意外发生	√
5	工作人员未注意地面的沟坑、洞和施工机械，从事与工作无关的事情	工作人员应保持精力集中，注意地面的沟、坑、洞和基建设备等，防止摔伤、碰伤	√
6	现场场地（地下室）照明设施亮度不足	工作现场光线较差时工作，要准备充分的照明工具，确保作业现场设备标识清晰	√

序号	工作现场风险点分析	注意事项及安全措施	逐项落实并打"√"
7	乱扔烟蒂可能引发责任性火灾	工作人员应遵守用户的现场管理制度，严禁在禁烟区吸烟；发现其他人员吸烟的，应予以当场制止	√
8	特殊作业区域未做好个人防护	根据作业区域的不同，采取不同的防护等级。原则上不进入隔离病区等区域，如进入须在专业医务人员的指导下穿戴防护用品，严格执行防护措施	√
9	分布式电源并网验收调试现场工作，误碰带电设备造成人身伤亡	在电气设备上作业时，应将未经验电的设备视为带电设备；进入带电设备区，分布式电源并网验收调试工作至少两人共同进行，实行现场监护。工作人员应掌握带电设备的位置，应在作业现场装设临时遮栏，将作业点与邻近带电间隔或带电部位隔离。作业中应保持与带电设备的安全距离，注意不要误碰、误动、误登运行设备。严禁工作人员未履行工作许可手续擅自开启电气设备柜门或操作电气设备。严禁在未采取任何监护措施和保护措施情况下现场作业	√
10	误入运行设备区域、用户生产危险区域	工作班成员应在用户电气工作人员的带领下进入工作现场，并在规定的工作范围内工作，做到对现场危险点、安全措施等情况清楚了解	√
11	查看带电设备时，安全措施不到位，安全距离无法保证	进入带电设备区设专人监护，严格监督带电设备与周围设备及工作人员的安全距离是否足够，不得操作用户设备。对用户设备状态不明时，均视为运行设备。不得进行与现场勘查无关的工作	√
12	擅自操作用户设备	明确产权分界点，加强监护，严禁操作用户设备。确定需要操作的，必须由用户专业人员进行	√
13	设备外壳漏电引起触电	确认设备外壳可靠接地后方可触碰	√
14	高处作业跌落摔伤	登高使用梯子时，梯子与地面的角度为60°左右，并有可靠的防滑措施，在梯子上的站立位置不超过梯子限高标志	√
15	登高作业高处坠物	登高作业应系好安全带，禁止将工器具及材料上下投掷，应用绳索拴牢传递	√
16			
工作负责人签名		张××	
工作许可人签名（供电公司）		陈××	
工作许可人签名（用户）		李××	

续表

工作任务和现场安全措施已确认,工作班成员签名	陈××、王××	
开工时间:2023 年 05 月 10 日 09 时 10 分		
工作终结	工作负责人签名:张××	工作许可人签名:陈××
收工时间:2023 年 05 月 10 日 14 时 50 分		

九、地方电厂并网验收作业

地方电厂并网验收是指地方电厂并网申请业扩报装流程中的并网验收环节,按照用户地方电厂并网申请的报装地址,在规定时限内预约用户现场并网验收。此类现场作业采用现场作业工作卡。

（一）应用场景

××有限公司,地方电厂申请并网容量 4000kW,并网地址为××区××路 20 号。客户经理召集相关部门人员及预约用户现场并网验收。

（二）卡（票）应用

现场作业工作卡

单位:国网××供电公司　　　　　　　　　　　　　　　　编号:××-××-××

工作负责人:张××	班组:客户服务中心××班			
工作班成员:陈××、王××		共 2 人		
计划工作时间	自 2023 年 05 月 10 日 09 时 00 分 至 2023 年 05 月 10 日 16 时 00 分			
用户名称	工作地点	工作指派人	派工时间	现场作业类型
××有限公司 （户号 00000000, 流程号 00000000）	××区××路 20 号	赵××	08:35	地方电厂并网验收

序号	工作现场风险点分析	注意事项及安全措施	逐项落实并打"√"
1	未按要求提前准备地方电厂并网验收所需的设备及资料	在执行地方电厂并网验收任务前,全面检查所带资料及设备,确保地方电厂并网验收工作正常进行	√
2	使用不合格的个人防护用品,或使用的防护用品不齐全。进入作业现场未按规定正确佩戴安全帽、着装	进入作业现场,必须穿全棉长袖工作服、绝缘鞋（靴）、戴安全帽	√
3	地方电厂并网设备验收在恶劣气候条件下,未采取有效安全措施	在六级及以上的大风以及暴雨、雷电、冰雹、大雾、沙尘暴等恶劣天气下,应停止露天高处作业	√

序号	工作现场风险点分析	注意事项及安全措施	逐项落实并打"√"
4	地方电厂并网设备验收野外作业，现场工作人员防护措施不当	到达现场开始工作前，应认真观察现场环境，做好防范意外伤害的应对措施。现场工作必须采取必要的防护措施，注意防暑防寒，预防蛇咬、蜂蜇等意外发生	√
5	工作人员未注意地面的沟、坑、洞和施工机械，从事与工作无关的事情	工作人员应保持精力集中，注意地面的沟、坑、洞和基建设备等，防止摔伤、碰伤	√
6	现场场地（地下室）照明设施亮度不足	工作现场光线较差时工作，要准备充分的照明工具，确保作业现场设备标识清晰	√
7	特殊作业区域未做好个人防护	根据作业区域的不同，采取不同的防护等级。原则上不进入隔离病区等区域，如进入须在专业的医务人员指导下穿戴防护用品，严格执行防护措施	√
8	地方电厂并网验收现场工作，误碰带电设备造成人身伤亡	在电气设备上作业时，应将未经验电的设备视为带电设备；进入带电设备区，地方电厂并网验收工作至少两人共同进行，实行现场监护。工作人员应掌握带电设备的位置，应在作业现场装设临时遮栏，将作业点与邻近带电间隔或带电部位隔离。作业中应保持与带电设备的安全距离，注意不要误碰、误动、误登运行设备。严禁工作人员未履行工作许可手续擅自开启电气设备柜门或操作电气设备。严禁在未采取任何监护措施和保护措施情况下现场作业	√
9	误入运行设备区域、用户生产危险区域	工作班成员应在用户电气工作人员的带领下进入工作现场，并在规定的工作范围内工作，做到对现场危险点、安全措施等情况清楚了解	√
10	查看带电设备时，安全措施不到位，安全距离无法保证	进入带电设备区设专人监护，严格监督带电设备与周围设备及工作人员的安全距离是否足够，不得操作用户设备。对用户设备状态不明时，均视为运行设备。不得进行与现场勘查无关的工作	√
11	多专业、多班组工作协调配合不到位出现组织措施、技术措施缺失或不完整	涉及多专业、多班组参与高压受电工程接电前，按需要制订并网方案，明确投运现场负责人，由现场负责人（客户服务中心）组织各相关专业技术人员参加，成立并网工作小组。由现场负责人组织开展安全交底和安全检查，明确职责，各专业分别落实相关安全措施并向负责人确认设备具备投运条件，现场工作必须由用户方或施工方熟悉环境和电气设备的人员配合进行	√

序号	工作现场风险点分析	注意事项及安全措施	逐项落实并打"√"
12	擅自操作用户设备	明确产权分界点，加强监护，严禁操作用户设备。确定需要操作的，必须由用户专业人员进行	√
13	设备外壳漏电引起触电	确认设备外壳可靠接地后方可触碰	√
14	高处作业跌落摔伤	登高使用梯子时，梯子与地面的角度为60°左右，并有可靠的防滑措施，在梯子上的站立位置不超过梯子限高标志	√
15	登高作业高处坠物	登高作业应系好安全带，禁止将工器具及材料上下投掷，应用绳索拴牢传递	√
16			
工作负责人签名		张××	
工作许可人签名（供电公司）		陈××	
工作许可人签名（用户）		李××	
工作任务和现场安全措施已确认，工作班成员签名		陈××、王××	
开工时间：2023 年 05 月 10 日 09 时 10 分			
工作终结	工作负责人签名：张××		工作许可人签名：陈××
收工时间：2023 年 05 月 10 日 14 时 50 分			

第二节 用电检查类作业票

用电检查工作主要包括用户侧周期检查、专项检查、重要用户现场安全检查、协助重大活动相关用户保电巡视值守以及窃电、违约用电查处等现场工作。作业票主要涉及现场作业工作卡或相应电压等级下的工作票。

一、周期检查作业票

周期检查指根据规定的检查周期和用户安全用电实际情况，制订检查计划，并按照计划开展用户侧用电情况等检查工作。此类现场作业一般采用《现场作业工作卡》。

（一）应用场景

××数据中心，位于××区××路20号，为二级重要用户；用户内部供电情况：用户配电房位于建筑物一楼内，10kV 双回同杆架设电源供电，接线方式为高压双路常供互为备用，高压断路器（开关）采用 SF_6 气体灭弧；合同用电容量 5000kVA；自备应急发电机 2000kW，不间断电源（UPS）400kVA。现开展该用户侧周期检查，当天天气良好。

（二）卡（票）例 1

现场作业工作卡

单位：国网××供电公司客户服务中心　　　　　　　　编号：××-××-××

工作负责人：张××	班组：营业班

工作班成员：　　陈××	共　1　人

计划工作时间	自 2023 年 05 月 10 日 09 时 00 分 至 2023 年 05 月 10 日 17 时 00 分

用户名称	工作地点	工作指派人	派工时间	现场作业类型
××数据中心	××区××路 20 号	张××	08:35	安全检查

序号	工作现场风险点分析	注意事项及安全措施	逐项落实并打"√"
1	未按要求提前准备检查所需的设备及资料	在执行用电安全检查任务前，全面检查所带资料及设备，确保设备工作正常	√
2	用户设备的运行状态	与带电设备保持安全距离	√
3	随意触碰或操作用户设备进行检查	严禁操作用户电气设备，现场检查时应在用户陪同监护下进行	√
4	特殊气候条件下，如雷雨、大雾、大风等天气，户外设备巡检存在危险	特殊气候条件下，如雷雨、大雾、大风等天气时，现场检查人员应避免户外设备巡视工作	√
5	现场设备外壳保护接地不可靠对检查工作人员安全造成隐患	检查人员应避免直接触碰设备外壳，如确定需要触碰，应在确保设备外壳可靠接地的条件下进行	√
6	户内 SF_6 设备检查，存在有害气体泄漏对检查工作人员造成伤害的隐患	检查人员进入 SF_6 装置室，应确认能报警的氧含量仪和 SF_6 气体泄漏报警仪无异常报警后，方可进入。入口处若无 SF_6 气体含量显示器，应先通风 15min，并用检漏仪测量 SF_6 气体含量合格	√

续表

序号	工作现场风险点分析	注意事项及安全措施	逐项落实并打"√"
7	检查通道内枯井、沟坎时，遭遇动物攻击等，可能给检查工作人员安全健康造成危害	检查工作人员进入以上现场检查作业，应充分了解现场情况，配备足够的照明用具及防护设备，确保安全	√
8	现场设备带电、交叉跨越、同杆架设等可能给检查工作人员带来危险	检查工作人员进入以上现场检查作业，应先充分了解并核准现场设备运行情况及风险点，明确安全检查通道	√
9	现场强行解锁操作设备或误入间隔	不得强行打开用户侧各类闭锁装置	√
10	电压互感器、电流互感器二次回路	严禁电压互感器二次侧短路、电流互感器二次回路开路	√

工作负责人签名	张××	
工作许可人签名（供电公司）	许××	
工作许可人签名（用户）	李××	
工作任务和现场安全措施已确认，工作班成员签名	陈××	

开工时间：2023 年 05 月 10 日 09 时 10 分

工作终结	工作负责人签名：张××	工作许可人签名：许××

收工时间：2022 年 05 月 10 日 14 时 50 分

注 1 现场作业工作卡应按以下程序执行：工作负责人办票→工作派发人签字→履行现场安全措施→工作人员现场检查安全措施→工作许可（含用户许可）→开工→工作结束→存档备案。

  2 一张现场作业工作卡宜执行同一类营销现场工作，工作负责人可根据增加不同工作地点。

  3 本附录属通用模板，仅供参考，需要现场作业人员结合现场实际认真分析、列出现场实际存在的风险点，并对照填写注意事项及安全措施。

二、专项检查作业票

专项检查是指每年的春季、秋季安全检查以及根据工作需要安排的专业性检查诊断，检查重点是用户受（送）电装置的防雷防汛情况、设备电气试验情况、继电保护和安全自动装置等情况。此类现场作业一般采用现场作业工作卡。

（一）应用场景

××大型排涝站；用户内部供电情况：10kV 双电源供电，接线方式为单母线分段，低压联络，运行方式为高压双路常供；合同用电容量 4000kVA；自备应急发电机 500kW×2，不间断电源（UPS）60kVA。现开展该用户侧防汛安全检查，当天天气良好。

（二）卡（票）例 2

现场作业工作卡

单位：国网××供电公司客户服务中心　　　　　　　　编号：××-××-××

工作负责人：张××	班组：营业班
工作班成员：陈××	共　1　人

计划工作时间	自 2023 年 04 月 10 日 09 时 00 分 至 2023 年 04 月 10 日 16 时 30 分

用户名称	工作地点	工作指派人	派工时间	现场作业类型
××大型排涝站	××区××镇××村 8 号	张××	08:35	汛期前安全检查

序号	工作现场风险点分析	注意事项及安全措施	逐项落实并打"√"
1	未按要求提前准备检查所需的设备及资料	在执行用电安全检查任务前，全面检查所带资料及设备，确保设备工作正常	√
2	用户设备的运行状态	与带电设备保持安全距离	√
3	随意触碰或操作用户设备进行检查	严禁操作用户电气设备，现场检查时应在用户陪同监护下进行	√
4	特殊气候条件下，如雷雨、大雾、大风等天气，户外设备巡检存在危险	特殊气候条件下，如雷雨、大雾、大风等天气时，现场检查人员应避免户外设备巡视工作	√
5	现场设备外壳保护接地不可靠对检查工作人员安全造成隐患	检查人员应避免直接触碰设备外壳，如确定需要触碰，应在确保设备外壳可靠接地的条件下进行	√
6	检查通道内枯井、沟坎时，遭遇动物攻击等，可能给检查工作人员安全健康造成危害	检查工作人员进入以上现场检查作业，应充分了解现场情况，配备足够的照明用具及防护设备，确保安全	√
7	现场强行解锁操作设备或误入间隔	不得强行打开用户侧各类闭锁装置	√

续表

工作负责人签名	张××	
工作许可人签名（供电公司）	许××	
工作许可人签名（用户）	李××	
工作任务和现场安全措施已确认，工作班成员签名	陈××	

开工时间：2023 年 04 月 10 日 09 时 10 分

工作终结	工作负责人签名：张××	工作许可人签名：许××

收工时间：2023 年 04 月 10 日 14 时 30 分

三、保电巡视作业票

保电巡视是指因重要保电任务或其他需要而开展的用电安全检查。此类现场作业一般采用现场作业工作卡。

（一）应用场景

××国际会议中心内部供电情况：10kV 双电源供电，接线方式为单母线分段，低压联络，运行方式为高压双路常供；合同用电容量 2500kVA；自备应急发电机 500kW，不间断电源（UPS）60kVA；因保电需要，用户再租用一台 500kW 移动发电机和不间断电源（UPS）100kVA。现开展该用户侧重大保供电活动安全巡查，当天天气良好。

（二）卡（票）例 3

现场作业工作卡

单位：国网××供电公司客户服务中心　　　　　　　　　　　　　编号：××-××-××

工作负责人：张××	班组：营业一班

工作班成员：陈××	共　1　人

计划工作时间	自 2023 年 04 月 10 日 09 时 00 分 至 2023 年 04 月 10 日 16 时 30 分

用户名称	工作地点	工作指派人	派工时间	现场作业类型
××国际会议中心	××市××路 222 号	张××	08:35	重大保供电活动安全巡查

序号	工作现场风险点分析	注意事项及安全措施	逐项落实并打"√"
1	未按要求提前准备检查所需的设备及资料	在执行用电安全检查任务前，全面检查所带资料及设备，确保设备工作正常	√

69

序号	工作现场风险点分析	注意事项及安全措施	逐项落实并打"√"
2	用户设备的运行状态	与带电设备保持安全距离	√
3	随意触碰或操作用户设备进行检查	严禁操作用户电气设备,现场检查时应在用户陪同监护下进行	√
4	特殊气候条件下,如雷雨、大雾、大风等天气,户外设备巡检存在危险	特殊气候条件下,如雷雨、大雾、大风等天气时,现场检查人员应避免户外设备巡视工作	√
5	现场设备外壳保护接地不可靠对检查工作人员安全造成隐患	检查人员应避免直接触碰设备外壳,如确定需要触碰,应在确保设备外壳可靠接地的条件下进行	√
6	检查通道内枯井、沟坎时,遭遇动物攻击等,可能给检查工作人员安全健康造成危害	检查工作人员进入以上现场检查作业,应充分了解现场情况,配备足够的照明用具及防护设备,确保安全	√
7	现场强行解锁操作设备或误入间隔	不得强行打开用户侧各类闭锁装置	√
8	临时应急电源接地	应做好临时应急电源的可靠接地	√
9	临时 UPS 电池消防安全	应做好临时 UPS 电池防燃、防爆等消防安全措施	√

工作负责人签名	张××
工作许可人签名(供电公司)	许××
工作许可人签名(用户)	李××
工作任务和现场安全措施已确认,工作班成员签名	陈××

开工时间:2023 年 05 月 10 日 09 时 25 分

工作终结	工作负责人签名:张××	工作许可人签名:许××

收工时间:2023 年 04 月 10 日 14 时 55 分

四、反窃查违作业票

反窃查违是指根据用户用电异常情况或异常数据等因数开展有针对性的专项检查。此类现场作业一般采用现场作业工作卡或相应电压等级下的工作票。

(一)应用场景

××铸造厂用户内部供电情况:10kV 单电源供电,合同用电容量 2500kVA。近日,通过用电信息采集系统发现该用户每日晚上 10 点以后电流异常。现开展该用户疑似窃电检查,当天天气良好。

（二）卡（票）例 4

现场作业工作卡

单位：国网××供电公司客户服务中心　　　　　　　　　　编号：××-××-××

工作负责人：张××	班组：营业一班			
工作班成员：陈××	共　1　人			
计划工作时间	自 2023 年 05 月 10 日 09 时 00 分 至 2023 年 05 月 10 日 17 时 00 分			
用户名称	工作地点	工作指派人	派工时间	现场作业类型
××铸造厂	××镇××村	张××	08:35	反窃查违检查
序号	工作现场风险点分析	注意事项及安全措施		逐项落实并打"√"
1	未按要求提前准备检查所需的设备及资料	在执行用电安全检查任务前，全面检查所带资料及设备，确保设备工作正常		√
2	用户设备的运行状态	与带电设备保持安全距离		√
3	随意触碰或操作用户设备进行检查	严禁操作用户电气设备，现场检查时应在用户陪同监护下进行		√
4	特殊气候条件下，如雷雨、大雾、大风等天气，户外设备巡检存在危险	特殊气候条件下，如雷雨、大雾、大风等天气时，现场检查人员应避免户外设备巡视工作		√
5	现场设备外壳保护接地不可靠对检查工作人员安全造成隐患	检查人员应避免直接触碰设备外壳，如确定需要触碰，应在确保设备外壳可靠接地的条件下进行		√
6	现场设备带电、交叉跨越、同杆架设等可能给检查工作人员带来危险	检查工作人员进入以上现场检查作业，应先充分了解并核准现场设备运行情况及风险点，明确安全检查通道		√
7	现场强行解锁操作设备或误入间隔	不得强行打开用户侧各类闭锁装置		√
8	电压互感器、电流互感器二次回路	严禁电压互感器二次侧短路、电流互感器二次回路开路		√
9	用户现场的周围环境和其他危险源	防止被用户特设障碍或被动物攻击		√
工作负责人签名	张××			
工作许可人签名（供电公司）	许××			

续表

工作许可人签名（用户）	李××（可不填）	
工作任务和现场安全措施已确认，工作班成员签名	陈××	
开工时间：2023 年 05 月 10 日 09 时 20 分		
工作终结	工作负责人签名：张××	工作许可人签名：许××
收工时间：2023 年 05 月 10 日 15 时 50 分		

（三）卡（票）例 5

若现场检查后发现需要对高压计量柜内电流互感器进行检查，因此该类工作应根据不同电压等级下采用变电第一种工作票或配电第一种工作票。以 10kV 及以下为例（注：用户计量柜在进线柜之后），工作票样例如下。

配电第一种工作票

单位：国网××供电公司客户服务中心　　　　　　　　　编号：××-××-××

1. 工作负责人　张××　　　　班组　营业一班

2. 工作班成员（不包括工作负责人）　陈××　　　　　　　　　　共　1　人。

3. 工作任务

工作地点或设备双重名称	工作内容
××铸造厂高压配电房，高压计量柜	停用高压计量柜，将高压计量互感器停电检查

4. 计划工作时间：自　2023　年　09　月　08　日　10　时　00　分
　　　　　　　　　　至　2023　年　09　月　08　日　17　时　00　分

5. 安全措施（必要时可附页绘图说明）

5.1　调控或运维人员应采取的安全措施	已执行
（1）拉开××铸造厂10kV 1 号进线开关并确认在断开位置	√
（2）××铸造厂10kV 1 号进线开关由工作位置改试验位置	√
（3）在××铸造厂计量柜后柜门内挂设 10kV 接地线 1 副	√
5.2　工作班完成的安全措施	已执行
（1）在××铸造厂10kV 1 号进线开关的操作手柄上挂"禁止合闸，有人工作"标示牌	√
（2）在工作地点四周装设封闭围栏或遮栏，并在进出口处挂"从此进出"标示牌	√
（3）在工作地点挂"在此工作"标示牌	√

续表

5.3　工作班装设（或拆除）的接地线

线路名称或设备双重名称和装设位置	接地线编号	装设时间	拆除时间

5.4　配合停电线路应采取的安全措施	已执行

5.5　保留或邻近的带电线路、设备

××铸造厂高配房 10kV 1 号进线开关下桩头带电（相邻间隔及出线带电）

5.6　其他安全措施和注意事项

　　（1）检查安全工器具的正确、完备、合格；

　　（2）停、送电操作时使用合格的绝缘工具，戴绝缘手套、护目镜，站在绝缘垫上；

　　（3）与带电设备或带电部位保持足够的安全距离。

工作票签发人签名 赵×× 　　　　　　　　　　　2023 年 09 月 08 日 09 时 30 分

工作负责人签名 张×× 　　　　　　　　　　　2023 年 09 月 08 日 09 时 31 分

5.7　其他安全措施和注意事项补充（由工作负责人或工作许可人填写）

6. 工作许可

许可单位	许可的线路或设备	许可方式	工作许可人签名	工作负责人签名	许可工作的时间
供电公司	××铸造厂高配房 10kV 1 号进线开关	当面许可	许××	张××	2023 年 09 月 08 日 10 时 30 分
用　户	××铸造厂高配房 10kV 1 号进线开关	当面许可	周××	金××	2023 年 09 月 08 日 10 时 31 分
					年　月　日　时　分
					年　月　日　时　分

7. 工作任务单登记

工作任务单编号	工作任务	小组负责人	工作许可时间	工作结束报告时间

8. 现场交底，工作班成员确认工作负责人布置的工作任务、人员分工、安全措施和注意事项并签名：
   ___陈××___

9. 人员变更

9.1 工作负责人变动情况：原工作负责人_____离去，变更_____为工作负责人。

工作票签发人签名_____ _____年___月___日___时____分

原工作负责人签名确认_____新工作负责人签名确认_____

_____年___月___日____时___分

9.2 工作人员变动情况

新增人员	姓名				
	变更时间				
离开人员	姓名				
	变更时间				

工作负责人签名_____

10. 工作票延期：有效期延长到 _____年_____月_____日_____时_____分

工作负责人签名_____ _____年_____月_____日_____时_____分

工作许可人签名_____ _____年_____月_____日_____时_____分

工作许可人（用户）签名_____ _____年_____月_____日_____时_____分

11. 每日开工和收工记录（使用一天的工作票不必填写）

收工时间	工作负责人	工作许可人	开工时间	工作许可人	工作负责人

12. 工作终结

12.1 工作班现场所装设接地线共_____组、个人保安线共_____组已全部拆除，工作班人员已全部撤离现场，材料工具已清理完毕，杆塔、设备上已无遗留物。

12.2 工作终结报告

许可单位	终结的线路或设备	报告方式	工作负责人签名	工作许可人签名	终结报告时间
供电公司	××铸造厂高配房 10kV 1号进线开关	当面终结	许××	张××	2023 年 09 月 08 日 16 时 30 分
用户	××铸造厂高配房 10kV 1号进线开关	当面终结	周××	金××	2023 年 09 月 08 日 16 时 31 分

13. 备注

13.1 指定专责监护人＿＿＿＿＿＿＿＿＿＿＿负责监护＿＿＿＿＿＿＿＿＿＿（地点及具体工作）

13.2 其他事项

第三节 电能计量类作业票

电能计量类作业主要包括营销服务人员在现场开展的各类电能计量装置装拆、更换、故障处理和现场校验等，以及用电信息采集终端装拆及运维相关工作，作业现场包括用户侧营销现场、各电压等级的变电、配电作业现场等。作业票主要涉及变电第一种、第二种工作票，配电第一种、第二种工作票和低压工作票。

一、高压互感器更换

高压互感器更换作业是指 35kV 及以上变电站、10（20）kV 开关站内的高供高计计量用电压、电流互感器，因用电变更、故障等需要停电进行更换的工作。此类现场作业一般采用变电第一种工作票或配电第一种工作票。

（一）应用场景一

35kV ××变电站，接于 10kV Ⅱ 段母线上的××间隔为××公司专线间隔，该公司因扩大产能需要新增一条生产线，用电容量由 3000kVA 增加至 5000kVA，电流互感器变比由 200/5 更换为 300/5，现开展电流互感器更换工作。

（二）票例 1

变电第一种工作票

单位＿国网××供电公司客户服务中心＿＿＿＿　　　编号＿＿××-××-××＿＿

1. 工作负责人（监护人）＿何××＿＿＿＿　　　班组＿＿计量采集班＿＿

2. 工作班人员（不包括工作负责人）＿＿＿＿＿曹××、周××、钟××＿＿＿＿＿共 3 人。

3. 工作的变、配电站名称

　35kV ××变电站＿＿＿＿＿＿＿＿＿＿＿＿＿＿＿＿

4. 工作任务

工作地点及设备双重名称	工作内容
35kV ××变电站 10kV 开关室××间隔	电流互感器更换

5．计划工作时间：自 __2023__ 年 __09__ 月 __10__ 日 __09__ 时 __00__ 分

至 __2023__ 年 __09__ 月 __10__ 日 __17__ 时 __00__ 分

6．安全措施（必要时可附页绘图说明）

应拉断路器（开关）、隔离开关（刀闸）	已执行
（1）拉开 10kVⅡ段母线××间隔开关	√
（2）拉开 10kVⅡ段母线××间隔线路刀闸	√
（3）拉开 10kVⅡ段母线××间隔母线刀闸	√
应装接地线、应合接地刀闸（注明确实地点、名称和接地线编号）	已执行
（1）在 10kVⅡ段母线××间隔线路刀闸线路侧挂 10kV（01）号接地线	√
（2）在 10kVⅡ段母线××间隔母线刀闸开关侧挂 10kV（02）号接地线	√
应设遮栏、应挂标示牌及防止二次回路误碰等措施	已执行
（1）在 10kVⅡ段母线××间隔开关柜挂"在此工作"标示牌	√
（2）用围栏将 10kVⅡ段母线××间隔与相邻运行设备隔开并挂"止步，高压危险"标示牌	√
（3）锁住 10kVⅡ段母线××间隔线路刀闸、母线刀闸操作把手，并挂"禁止合闸，有人工作"标示牌	√
（4）在工作人员进出通道口挂"从此进出"标示牌	√
（5）工作时，拆开的引线、断开的线头应采取绝缘包裹等遮蔽措施	√

工作地点保留带电部分或注意事项（由工作票签发人填写）：	补充工作地点保留带电部分和安全措施（由工作许可人填写）：
（1）10kVⅡ段母线带电运行	无
（2）10kVⅡ段母线××间隔开关柜内母线侧带电	
（3）10kVⅡ段母线××间隔相邻（××间隔）、（××间隔）间隔带电运行	
（4）工作中人员注意与带电部位保持足够的安全距离：10kV，不小于 0.7m	

工作票签发人签名 __王××__　　　　　　　　　签发日期 __2023__ 年 __09__ 月 __09__ 日 __17__ 时 __00__ 分

7．收到工作票时间 __2023__ 年 __09__ 月 __09__ 日 __18__ 时 __00__ 分

运维人员签名 _____ 金×× _____　　　　工作负责人签名 _____ 何×× _____

8．确认本工作票 1～7 项

工作负责人签名 _____ 何×× _____　　　　工作许可人签名 _____ 金×× _____

许可开始工作时间： __2023__ 年 __09__ 月 __10__ 日 __09__ 时 __00__ 分

9．确认工作负责人布置的工作任务和安全措施

工作班组人员签名：

　曹××、周××、钟××

10．工作负责人变动情况

原工作负责人　　无　　离去，变更＿＿＿＿＿＿＿为工作负责人。

工作票签发人＿＿＿＿＿＿　＿＿＿＿＿＿年＿＿＿＿月＿＿＿日＿＿＿时＿＿＿分

11．工作人员变动情况（变动人员姓名、日期及时间）：

　　无。

工作负责人签名＿＿＿＿＿＿＿＿＿＿

12．工作票延期

有效期延长到＿＿＿＿＿年＿＿＿月＿＿＿＿日＿＿＿＿时＿＿＿＿＿分

工作负责人签名＿＿＿＿＿＿＿＿　＿＿＿＿＿＿年＿＿＿月＿＿＿日＿＿＿＿时＿＿＿＿分

工作许可人签名＿＿＿＿＿＿＿＿　＿＿＿＿＿＿年＿＿＿月＿＿＿日＿＿＿＿时＿＿＿＿分

13．每日开工和收工记录（使用一天的工作票不必填写）

收工时间				工作负责人	工作许可人	开工时间				工作许可人	工作负责人
月	日	时	分			月	日	时	分		
无											

14．工作终结

全部工作于　2023　年　09　月　10　日　15　时　30　分结束，设备及安全措施已恢复至开工前状态，工作人员已全部撤离，材料工具已清理完毕，工作已终结。

工作负责人签名＿＿＿＿何××＿＿＿＿　工作许可人签名＿＿＿＿＿金××＿＿＿＿

15．工作票终结

临时遮栏、标示牌已拆除，常设遮栏已恢复。未拆除或未拉开的接地线编号　　无＿＿＿＿＿＿＿＿＿＿等共＿＿＿＿组、接地刀闸（小车）共　＿＿＿＿＿＿　副（台），已汇报调度值班员。

工作许可人签名　　金××　　　2023　年　09　月　10　日　15　时　35　分

16．备注

（1）指定专责监护人＿＿＿无＿＿＿　负责监护＿＿＿＿＿＿＿＿＿＿＿＿＿＿＿＿＿＿＿＿＿＿＿＿＿＿（地点及具体工作）

（2）其他事项

　　无。

　　附图：

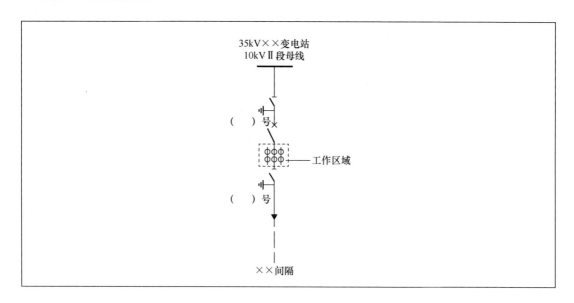

（三）应用场景二

××公司为 10kV 高供高计用户，供电电源接至 10kV ××开关站××间隔，配置 3 只 150/5A 高压电流互感器，某日因过负荷烧毁，造成三相电流失流，影响电能计量，现开展对该电流互感器更换工作。

（四）票例 2

配电第一种工作票

单位　　国网××供电公司客户服务中心　　　　　　　　编号　　　　××-××-××

1. 工作负责人　　何××　　　　　　　　　　　　　　班组　　　计量采集班

2. 工作班人员（不包括工作负责人）　　　　　曹××、周××、钟××　　　　共 3 人。

3. 工作任务

工作地点或设备双重名称	工作内容
10kV ××开关站××间隔	电流互感器、电能表更换

4. 计划工作时间：自 2023 年 09 月 10 日 09 时 00 分

　　　　　　　　　至 2023 年 09 月 10 日 17 时 00 分

5. 安全措施（必要时可附页绘图说明）

5.1 调控或运维人员应采取的安全措施	已执行
（1）拉开 10kV Ⅱ段母线××开关	√
（2）将 10kV Ⅱ段母线××开关手车拉至柜外	√
（3）合上 10kV Ⅱ段母线××线路接地闸刀	√

（4）在 10kV Ⅱ 段母线××开关柜挂"在此工作"标示牌	√
（5）用围栏将 10kV Ⅱ 段母线××间隔与相邻运行设备隔开并挂"止步，高压危险"标示牌	√
（6）锁住 10kV Ⅱ 段母线××开关柜前柜门，并挂"止步，高压危险"标示牌	√
（7）在工作人员进出通道口挂"从此进出"标示牌	√
（8）工作中人员注意与带电部位保持足够的安全距离：10kV，不小于 0.7m	√
5.2 工作班完成的安全措施	已执行
无	

5.3 工作班装设（或拆除）的接地线

线路名称或设备双重名称和装设位置	接地线编号	装设时间	拆除时间
无			

5.4 配合停电线路应采取的安全措施	已执行
无	

5.5 保留或邻近的带电线路、设备

　　无。

5.6 其他安全措施和注意事项

　　（1）工作时，拆开的引线、断开的线头应采取绝缘包裹等遮蔽措施；

　　（2）严禁电流互感器二次回路开路或接地，严禁电压互感器二次短路或接地。

工作票签发人签名　王××　　　　　　　2023 年 09 月 09 日 16 时 30 分

工作负责人签名　　何××　　　　　　　2023 年 09 月 09 日 17 时 00 分

5.7 其他安全措施和注意事项补充（由工作负责人或工作许可人填写）

　　在无盖板的电缆沟上加设警示围栏，防止工作人员坠入电缆沟。

6. 工作许可

许可单位	许可的线路或设备	许可方式	工作许可人签名	工作负责人签名	许可工作的时间
供电公司	10kV ××开关站 10kV Ⅱ 段母线 ××间隔	口头许可	张××	何××	2023 年 09 月 10 日 09 时 15 分

7．工作任务单登记

工作任务单编号	工作任务	小组负责人	工作许可时间	工作结束报告时间
无				

8．现场交底，工作班成员确认工作负责人布置的工作任务、人员分工、安全措施和注意事项并签名：
　　曹××、周××、钟××

9．人员变更

9.1　工作负责人变动情况：原工作负责人＿＿无＿＿离去，变更＿＿＿＿＿为工作负责人。

工作票签发人：＿＿＿＿＿＿＿　　＿＿＿＿＿＿年＿＿＿＿＿月＿＿＿＿＿日＿＿＿＿时＿＿＿＿＿分

原工作负责人签名确认＿＿＿＿＿＿＿　　　　新工作负责人签名确认＿＿＿＿＿＿＿＿

　　　　　　　　　　　　＿＿＿＿＿＿年＿＿＿＿＿月＿＿＿＿＿日＿＿＿＿时＿＿＿＿＿分

9.2　工作人员变动情况

新增人员	姓名	无				
	变更时间					
离开人员	姓名					
	变更时间					

工作负责人签名＿＿＿＿＿＿＿＿＿

10．工作票延期：有效期延长到＿＿＿＿＿无＿＿＿＿＿年＿＿＿＿＿月＿＿＿＿＿日＿＿＿＿时＿＿＿＿＿分

工作负责人签名＿＿＿＿＿＿＿＿＿　＿＿＿＿＿＿年＿＿＿＿＿月＿＿＿＿＿日＿＿＿＿时＿＿＿＿＿分

工作许可人签名＿＿＿＿＿＿＿＿＿　＿＿＿＿＿＿年＿＿＿＿＿月＿＿＿＿＿日＿＿＿＿时＿＿＿＿＿分

工作许可人（用户）签名＿＿＿＿＿　＿＿＿＿＿＿年＿＿＿＿＿月＿＿＿＿＿日＿＿＿＿时＿＿＿＿＿分

11．每日开工和收工记录（使用一天的工作票不必填写）

收工时间	工作负责人	工作许可人	开工时间	工作许可人	工作负责人
无					

12．工作终结

12.1　工作班现场所装设接地线共＿＿＿＿组、个人保安线共＿＿＿＿组已全部拆除，工作班人员已全部撤离现场，材料工具已清理完毕，杆塔、设备上已无遗留物。

12.2　工作终结报告

许可单位	许可的线路或设备	许可方式	工作负责人签名	工作许可人签名	终结报告时间
供电公司	10kV ××开关站 10kV Ⅱ段母线 ××间隔	口头许可	何××	张××	2023 年 09 月 10 日 15 时 15 分

13．备注

13.1　指定专责监护人＿＿＿＿＿＿无＿＿＿＿＿＿负责监护＿＿＿＿＿＿＿＿＿（地点及具体工作）

13.2　其他事项

＿无。＿＿＿＿＿＿＿＿＿＿＿＿＿＿＿＿＿＿＿＿＿＿＿＿＿＿＿＿＿＿＿＿＿＿＿

附图：

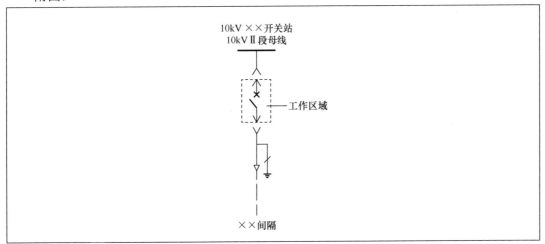

二、低压互感器更换

低压互感器更换作业是指 35kV 及以上变电站或 10（20）kV 开关站的站用电、10（20）kV 用户的高供低计计量用电流互感器，因用电变更、故障等需要停电进行更换的工作。此类现场作业一般采用"变电第一种工作票"或"配电第一种工作票"。

（一）应用场景一

35kV ××变 2 号站用变压器接于 10kV Ⅱ段母线,控制室所用屏内低压 A 相电流互感器线圈螺钉松动发生匝间短路,造成 A 相电流失流,影响电能计量,现开展该电流互感器更换工作。

（二）票例 1

变电第一种工作票

单位　　国网××供电公司客户服务中心　　　　　　　　编号　　××-××-××

1. 工作负责人（监护人）　何××

班组　　计量采集班

2. 工作班人员（不包括工作负责人）　　　　　　曹××、周××、钟××　　　共　3　人。

3. 工作的变、配电站名称

　35kV ××变电站

4. 工作任务

工作地点及设备双重名称	工作内容
35kV ××变电站控制室站用变压器屏	A 相低压电流互感器更换

5. 计划工作时间：自 2023 年 09 月 10 日 09 时 00 分

至 2023 年 09 月 10 日 17 时 00 分

6. 安全措施（必要时可附页绘图说明）

应拉断路器（开关）、隔离开关（刀闸）	已执行
（1）拉开 10kVⅡ段母线××站用变压器开关	√
（2）拉开 10kVⅡ段母线××站用变压器母线刀闸	√
应装接地线、应合接地刀闸（注明确实地点、名称和接地线编号）	已执行
（1）在站用变压器屏切换开关下桩头处挂（01）号接地线	√
（2）在站用变压器屏低压出线上桩头处挂（02）号接地线	√
应设遮栏、应挂标示牌及防止二次回路误碰等措施	已执行
（1）在站用变压器屏后挂"在此工作"标示牌	√
（2）用红布幔将站用变压器屏与相邻运行屏柜隔开并挂"止步，高压危险"标示牌	√
（3）锁住 10kVⅡ段母线××站用变压器间隔母线刀闸操作把手，并挂"禁止合闸，有人工作"标示牌	√
（4）在工作人员进出通道口挂"从此进出"标示牌	√
工作地点保留带电部分或注意事项（由工作票签发人填写）：	补充工作地点保留带电部分和安全措施（由工作许可人填写）：
所用屏相邻（××屏）、（××屏）带电运行	断开 10kVⅡ段母线××站用变压器低压开关××

工作票签发人签名　　王××　　　签发日期 2023 年 09 月 09 日 17 时 00 分

7．收到工作票时间 2023 年 09 月 09 日 18 时 00 分

运维人员签名＿＿＿＿＿金××＿＿＿＿＿　　　　工作负责人签名＿＿＿＿＿＿何××＿＿＿＿＿

8．确认本工作票 1～7 项

工作负责人签名＿＿＿何××＿＿＿＿＿　　　　工作许可人签名＿＿＿＿＿金××＿＿＿＿

许可开始工作时间：2023 年 09 月 10 日 09 时 10 分

9．确认工作负责人布置的工作任务和安全措施

工作班组人员签名：

＿曹××、周××、钟××＿＿＿＿＿＿＿＿＿＿＿＿＿＿＿＿＿＿＿＿＿＿＿＿＿＿＿

10．工作负责人变动情况

原工作负责人＿＿无＿＿离去，变更＿＿＿＿＿＿＿为工作负责人。

工作票签发人＿＿＿＿＿＿＿＿　＿＿＿＿年＿＿＿＿月＿＿＿日＿＿＿时＿＿＿分

11．工作人员变动情况（变动人员姓名、日期及时间）：

＿无。＿＿＿＿＿＿＿＿＿＿＿＿＿＿＿＿＿＿＿＿＿＿＿＿＿＿＿＿＿＿＿＿＿＿＿

工作负责人签名＿＿＿＿＿＿＿＿＿

12．工作票延期：有效期延长到 ＿＿无＿＿年＿＿＿＿月＿＿＿＿日＿＿＿＿时＿＿＿＿分

工作负责人签名＿＿＿＿＿＿＿＿　＿＿＿＿年＿＿＿＿月＿＿＿日＿＿＿时＿＿＿分

工作许可人签名＿＿＿＿＿＿＿　＿＿＿＿年＿＿＿＿月＿＿＿日＿＿＿时＿＿＿分

13．每日开工和收工记录（使用一天的工作票不必填写）

收工时间				工作负责人	工作许可人	开工时间				工作许可人	工作负责人
月	日	时	分			月	日	时	分		
无											

14．工作终结

全部工作于 2023 年 09 月 10 日 13 时 30 分结束，设备及安全措施已恢复至开工前状态，工作人员已全部撤离，材料工具已清理完毕，工作已终结。

工作负责人签名＿＿＿何××＿＿＿　　　　工作许可人签名＿＿＿＿＿金××＿＿＿＿

15．工作票终结

临时遮栏、标示牌已拆除，常设遮栏已恢复。未拆除或未拉开的接地线编号＿＿无＿＿等共＿＿＿＿＿组、接地刀闸（小车）共＿＿＿＿＿＿＿副（台），已汇报调度值班员。

工作许可人签名＿＿＿＿＿＿＿＿　＿＿＿＿年＿＿＿月＿＿日＿＿＿时＿＿＿分

16．备注

（1）指定专责监护人＿＿＿无＿＿负责监护＿＿＿＿＿＿＿＿＿＿＿＿＿＿＿＿＿＿（地点及具体工作）

（2）其他事项

＿＿无。＿＿＿＿＿＿＿＿＿＿＿＿＿＿＿＿＿＿＿＿＿＿＿＿＿＿＿＿＿＿＿＿＿＿＿＿

附图：

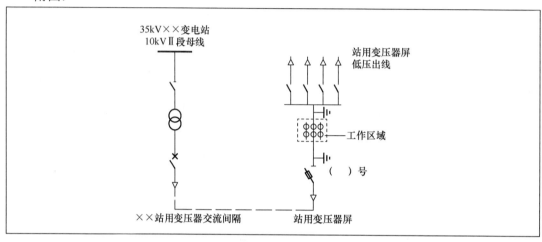

（三）应用场景二

××公司为高供低计用户，供电电源接至 110kV ××变电站 10kV ××线 2 号杆，该用户箱式变电站（简称箱变）计量柜内安装 3 只 400/5A 低压电流互感器，某日因过负荷烧毁，造成三相电流失流，影响电能计量，现开展该电流互感器更换工作。

（四）票例 2

配电第一种工作票

单位＿＿国网××供电公司客户服务中心＿＿　　　　编号＿＿××-××-××＿＿

1．工作负责人＿＿何××＿＿　　　　　　　班组＿＿计量采集班＿＿

2．工作班人员（不包括工作负责人）＿＿＿＿＿＿＿曹××、周××、钟××＿＿＿＿＿＿共_3_人。

3．工作任务

工作地点或设备双重名称	工作内容
110kV ××变电站 10kV ××线 2 号杆××箱变计量柜	低压电流互感器更换

4．计划工作时间：自_2023_年_09_月_10_日_09_时_00_分

　　　　　　　　　　　至_2023_年_09_月_10_日_17_时_00_分

5．安全措施（必要时可附页绘图说明）

5.1 调控或运维人员应采取的安全措施	已执行
（1）拉开 110kV ××变电站 10kV ××线 2 号杆开关和刀闸	√
（2）拉开××箱变低压总开关	√
（3）拉开××箱变所有低压出线开关、电容器刀闸	√
（4）在××箱变出线侧装设（01）号接地线一组	√
（5）在××箱变低压总断路器上桩头侧装设（02）号接地线一组	√
（6）在××箱变计量柜入口处装设围栏并挂"止步，高压危险"标示牌	√
（7）在××箱变计量柜处挂"在此工作"标示牌	√
（8）在××箱变低压总开关操作手柄上挂"禁止合闸，有人工作！"标示牌	√
5.2 工作班完成的安全措施	已执行
无	

5.3 工作班装设（或拆除）的接地线

线路名称或设备双重名称和装设位置	接地线编号	装设时间	拆除时间
无			

5.4 配合停电线路应采取的安全措施	已执行
无	

5.5 保留或邻近的带电线路、设备

  无。

5.6 其他安全措施和注意事项

  （1）工作时，拆开的引线、断开的线头应采取绝缘包裹等遮蔽措施；

  （2）严禁电流互感器二次回路开路或接地，严禁电压互感器二次短路或接地。

工作票签发人签名____王××____   2023 年 09 月 09 日 16 时 30 分

工作负责人签名____何××____   2023 年 09 月 09 日 17 时 00 分

5.7 其他安全措施和注意事项补充（由工作负责人或工作许可人填写）

  在无盖板的电缆沟上加设警示围栏，防止工作人员坠入电缆沟。

6．工作许可

许可单位	许可的线路或设备	许可方式	工作许可人签名	工作负责人签名	许可工作的时间
供电公司	××箱变计量柜	口头许可	张××	何××	2023 年 09 月 10 日 09 时 15 分
用户	××箱变计量柜	现场许可	王××（用户电工）	何××	2023 年 09 月 10 日 09 时 18 分

7．工作任务单登记

工作任务单编号	工作任务	小组负责人	工作许可时间	工作结束报告时间
无				

8．现场交底，工作班成员确认工作负责人布置的工作任务、人员分工、安全措施和注意事项并签名：

曹××、周××、钟××

9．人员变更

9.1　工作负责人变动情况：原工作负责人_____无_____离去，变更_____为工作负责人

工作票签发人：_____　_____年_____月_____日_____时_____分

原工作负责人签名确认_____　　新工作负责人签名确认_____

_____年_____月_____日_____时_____分

9.2　工作人员变动情况

新增人员	姓名	无			
	变更时间				
离开人员	姓名				
	变更时间				

工作负责人签名_____

10．工作票延期：有效期延长到_____无_____年_____月_____日_____时_____分

工作负责人签名_____　_____年_____月_____日_____时_____分

工作许可人签名_____　_____年_____月_____日_____时_____分

工作许可人（用户）签名_____　_____年_____月_____日_____时_____分

11．每日开工和收工记录（使用一天的工作票不必填写）

收工时间	工作负责人	工作许可人	开工时间	工作许可人	工作负责人
无					

12. 工作终结

12.1　工作班现场所装设接地线共＿＿＿＿＿＿＿组、个人保安线共＿＿＿＿＿＿＿组已全部拆除，工作班人员已全部撤离现场，材料工具已清理完毕，杆塔、设备上已无遗留物。

12.2　工作终结报告

许可单位	许可的线路或设备	许可方式	工作负责人签名	工作许可人签名	终结报告时间
供电公司	××箱变计量柜	口头许可	何××	张××	2023 年 09 月 10 日 12 时 15 分
用户	××箱变计量柜	现场许可	何××	王×× （用户电工）	2023 年 09 月 10 日 12 时 18 分

13. 备注

13.1　指定专责监护人＿＿＿＿无＿＿＿＿负责监护＿＿＿＿＿＿＿＿＿＿＿＿＿＿＿＿（地点及具体工作）

13.2　其他事项

＿＿无。＿＿＿＿＿＿＿＿＿＿＿＿＿＿＿＿＿＿＿＿＿＿＿＿＿＿＿＿＿＿＿＿＿＿＿＿＿＿

附图：

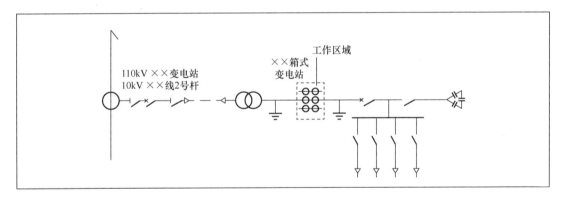

三、互感器现场校验

互感器现场校验作业是对 35kV 及以上变电站、10（20）kV 开关站、用电及发电用户贸易结算用电压互感器、电流互感器，因首次投运、周期检验、故障申校等进行的现场校验工作。此类现场作业一般采用变电第一种工作票或配电第一种工作票。

（一）应用场景一

根据《电能计量装置技术管理规程》（DL/T 448—2016）要求，110kV ×× 变电站 10kV ×× 间隔的电流互感器运行已超 10 年，现开展周期性现场校验工作。

（二）票例 1

变电第一种工作票

单位　　__国网××供电公司客户服务中心__　　　　　编号　　__××-××-××__

1. 工作负责人（监护人）　　__何××__　　　　　班组　　__计量采集班__

2. 工作班人员（不包括工作负责人）　　__曹××、周××、钟××、姜××、雷××、张××__　共　__6__　人。

3. 工作的变、配电站名称

　__110kV ××变电站__

4. 工作任务

工作地点及设备双重名称	工作内容
110kV ××变电站 10kV 开关室××间隔	电流互感器周期性现场校验

5. 计划工作时间：自　__2023__　年　__09__　月　__10__　日　__09__　时　__00__　分

　　　　　　　　　至　__2023__　年　__09__　月　__10__　日　__17__　时　__00__　分

6. 安全措施（必要时可附页绘图说明）

应拉断路器（开关）、隔离开关（刀闸）	已执行
（1）拉开 10kV Ⅱ段母线××间隔开	√
（2）拉开 10kV Ⅱ段母线××间隔线路刀闸	√
（3）拉开 10kV Ⅱ段母线××间隔母线刀闸	√
应装接地线、应合接地刀闸（注明确实地点、名称和接地线编号）	已执行
（1）在 10kV Ⅱ段母线××间隔线路刀闸线路侧挂（01）号接地线	√
（2）在 10kV Ⅱ段母线××间隔母线刀闸开关侧挂（02）号接地线	√
应设遮栏、应挂标示牌及防止二次回路误碰等措施	已执行
（1）在 10kV Ⅱ段母线××间隔开关柜挂"在此工作"标示牌	√
（2）用围栏将 10kV Ⅱ段母线××间隔与相邻运行设备隔开并挂"止步，高压危险"标示牌	√
（3）锁住 10kV Ⅱ段母线××间隔线路刀闸、母线刀闸操作把手，并挂"禁止合闸，有人工作"标示牌	√
（4）在工作人员进出通道口挂"从此进出"标示牌	√
（5）工作时，拆开的引线、断开的线头应采取绝缘包裹等遮蔽措施	√

工作地点保留带电部分或注意事项（由工作票签发人填写）	补充工作地点保留带电部分和安全措施（由工作许可人填写）
（1）10kV Ⅱ 段母线带电运行	无
（2）10kV Ⅱ 段母线××间隔开关柜内母线侧带电	
（3）10kV Ⅱ 段母线××间隔相邻（××间隔）、（××间隔）间隔带电运行	
（4）工作中人员注意与带电部位保持足够的安全距离：10kV，不小于 0.7m	

工作票签发人签名＿＿＿王××＿＿＿＿　　　　签发日期 2023 年 09 月 09 日 17 时 00 分

7．收到工作票时间 2023 年 09 月 09 日 18 时 00 分

运维人员签名＿＿＿＿金××＿＿＿＿　　　　工作负责人签名＿＿＿＿何××＿＿＿＿

8．确认本工作票 1～7 项

工作负责人签名＿＿＿何××＿＿＿＿　　　　工作许可人签名＿＿＿＿金××＿＿＿＿

许可开始工作时间：2023 年 09 月 10 日 09 时 10 分

9．确认工作负责人布置的工作任务和安全措施

工作班组人员签名：

＿曹××、周××、钟××、姜××、雷××、张××＿＿＿＿＿＿＿＿＿＿＿＿

10．工作负责人变动情况

原工作负责人＿＿＿无＿＿＿离去，变更＿＿＿＿＿＿＿＿＿＿为工作负责人。

工作票签发人＿＿＿＿＿＿＿　＿＿＿＿年＿＿＿月＿＿＿＿日＿＿＿时＿＿＿＿分

11．工作人员变动情况（变动人员姓名、日期及时间）：

＿无。＿＿＿＿＿＿＿＿＿＿＿＿＿＿＿＿＿＿＿＿＿＿＿＿＿＿＿＿＿＿＿＿＿

工作负责人签名＿＿＿＿＿＿＿＿＿＿＿

12．工作票延期：有效期延长到＿＿＿＿年＿＿＿月＿＿＿＿日＿＿＿时＿＿＿＿分

工作负责人签名＿＿＿＿＿＿　＿＿＿＿年＿＿＿月＿＿＿＿日＿＿＿时＿＿＿＿分

工作许可人签名＿＿＿＿＿＿　＿＿＿＿年＿＿＿月＿＿＿＿日＿＿＿时＿＿＿＿分

13．每日开工和收工记录（使用一天的工作票不必填写）

收工时间				工作负责人	工作许可人	开工时间				工作许可人	工作负责人
月	日	时	分			月	日	时	分		
无											

14．工作终结

全部工作于 2023 年 09 月 10 日 15 时 30 分结束，设备及安全措施已恢复至开工前状态，工作人员已全部撤离，材料工具已清理完毕，工作已终结。

工作负责人签名＿＿＿＿何××＿＿＿＿　　　　　工作许可人签名＿＿＿＿＿金××＿＿＿＿

15．工作票终结

临时遮栏、标示牌已拆除，常设遮栏已恢复。未拆除或未拉开的接地线编号＿＿＿＿＿＿无＿＿＿＿＿ 等共＿＿＿＿＿组、接地刀闸（小车）共＿＿＿＿＿副（台），已汇报调度值班员。

　　工作许可人签名＿＿＿＿＿＿＿＿＿　＿＿＿年＿＿＿月＿＿＿日＿＿＿时＿＿＿分

16．备注

（1）指定专责监护人＿＿＿无＿＿＿负责监护＿＿＿＿＿＿＿＿＿＿＿＿＿＿＿＿＿＿＿（地点及具体工作）

（2）其他事项

＿＿无。＿＿＿＿＿＿＿＿＿＿＿＿＿＿＿＿＿＿＿＿＿＿＿＿＿＿＿＿＿＿＿＿＿＿＿＿＿＿

　　　附图：

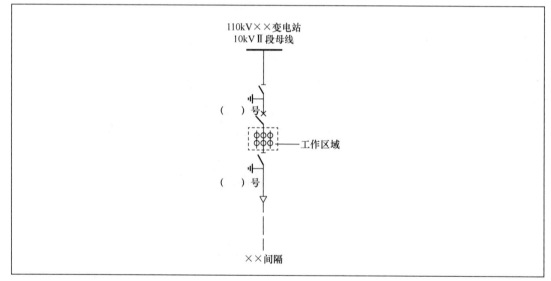

（三）应用场景二

　　××公司怀疑其 10kV 配电房计量柜内电流互感器精度有偏差，向国网××供电公司申请校验，现开展该电流互感器现场校验工作。

（四）票例 2

配电第一种工作票

单位＿＿国网××供电公司客户服务中心＿＿＿　　　　编号＿＿＿＿××-××-××＿＿＿

1．工作负责人＿＿何××＿＿＿　　　　　　　　班组＿＿＿＿计量采集班＿＿＿＿

2．工作班人员（不包括工作负责人）＿＿＿＿曹××、周××、钟××＿＿＿＿＿共 3 人。

3．工作任务

工作地点或设备双重名称	工作内容
××公司 10kV 配电房计量柜	电流互感器现场校验

4．计划工作时间：自　2023　年　09　月　10　日　09　时　00　分

　　　　　　　　至　2023　年　09　月　10　日　17　时　00　分

5．安全措施（必要时可附页绘图说明）

5.1　调控或运维人员应采取的安全措施	已执行
（1）拉开 10kV 1 号主变压器开关	√
（2）拉开 10kV 1 号主变压器负荷侧刀闸、电源侧刀闸、母线压变柜刀闸、计量柜刀闸	√
（3）将 10kV 进线隔离柜和开关柜改为冷备用	√
（4）在 10kV 进线隔离柜进线侧挂（ 01 ）号接地线一副	√
（5）合上 1 号主变压器出线侧接地刀闸	√
（6）在进线隔离柜和开关柜、主变压器开关操作手柄上挂"禁止合闸，有人工作！"标示牌	√
（7）用围栏将 10kV 计量柜与相邻运行设备隔开并挂"止步，高压危险"标示牌	√
（8）在 10kV 计量柜入口处挂"在此工作"标示牌	√
（9）在工作人员进出通道口挂"从此进出"标示牌	√
5.2　工作班完成的安全措施	已执行
无	

5.3　工作班装设（或拆除）的接地线

线路名称或设备双重名称和装设位置	接地线编号	装设时间	拆除时间
无			

5.4　配合停电线路应采取的安全措施	已执行
将 10kV ××开关站至××公司 10kV 配电房进线柜开关改为冷备用	√

5.5　保留或邻近的带电线路、设备

　　无。

5.6 其他安全措施和注意事项

(1) 工作时，拆开的引线、断开的线头应采取绝缘包裹等遮蔽措施；

(2) 严禁电流互感器二次回路开路或接地，严禁电压互感器二次短路或接地；

(3) 短路电流互感器二次绕组，应使用短路片或短路线，禁止用导线缠绕；

(4) 保持被试电流互感器接线和试验时和其他设备足够的安全距离。

工作票签发人签名__王××__　　　　　__2023__年__09__月__09__日__16__时__30__分

工作负责人签名__何××__　　　　　　__2023__年__09__月__09__日__17__时__00__分

5.7 其他安全措施和注意事项补充（由工作负责人或工作许可人填写）

__在无盖板的电缆沟上加设警示围栏，防止工作人员坠入电缆沟。__

6. 工作许可

许可单位	许可的线路或设备	许可方式	工作许可人签名	工作负责人签名	许可工作的时间
供电公司	××公司 10Kv 配电房计量柜	口头许可	张××	何××	2023 年 09 月 10 日 09 时 15 分
用户	××公司 10kV 配电房计量柜	现场许可	王××（用户电工）	何××	2023 年 09 月 10 日 09 时 18 分

7. 工作任务单登记

工作任务单编号	工作任务	小组负责人	工作许可时间	工作结束报告时间
无				

8. 现场交底，工作班成员确认工作负责人布置的工作任务、人员分工、安全措施和注意事项并签名：

__曹××、周××、钟××__

9. 人员变更

9.1 工作负责人变动情况：原工作负责人__无__离去，变更_____为工作负责人。

工作票签发人：_____　____年____月____日____时____分

原工作负责人签名确认_____　　新工作负责人签名确认_____

_____年____月____日____时____分

9.2 工作人员变动情况

新增人员	姓名	无				
	变更时间					
离开人员	姓名					
	变更时间					

工作负责人签名_____

10. 工作票延期：有效期延长到　　　<u>无</u>　　年 ____ 月 ____ 日 ____ 时 ____ 分

工作负责人签名_____　　　　　　　 ____ 年 ____ 月 ____ 日 ____ 时 ____ 分

工作许可人签名_____　　　　　　　 ____ 年 ____ 月 ____ 日 ____ 时 ____ 分

工作许可人（用户）签名_____　 ____ 年 ____ 月 ____ 日 ____ 时 ____ 分

11. 每日开工和收工记录（使用一天的工作票不必填写）

收工时间	工作负责人	工作许可人	开工时间	工作许可人	工作负责人
无					

12. 工作终结

12.1　工作班现场所装设接地线共____ 组、个人保安线共____ 组已全部拆除，工作班人员已全部撤离现场，材料工具已清理完毕，杆塔、设备上已无遗留物。

12.2　工作终结报告

许可单位	许可的线路或设备	许可方式	工作负责人签名	工作许可人签名	终结报告时间
供电公司	××公司 10kV 配电房计量柜	口头许可	何××	张××	2023 年 09 月 10 日 15 时 15 分
用户	××公司 10kV 配电房计量柜	现场许可	何××	王×× （用户电工）	2023 年 09 月 10 日 15 时 18 分

13. 备注

13.1　指定专责监护人____<u>无</u>____　负责监护_____（地点及具体工作）

13.2 其他事项

　　<u>无。</u>

附图：

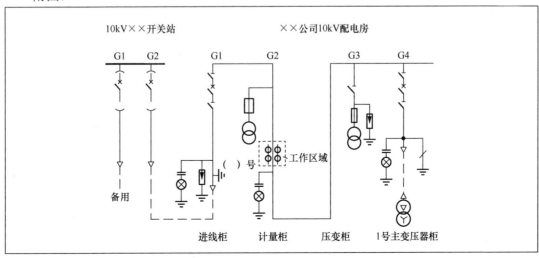

四、接线盒更换

接线盒更换作业是对经互感器接入的电能表二次回路中的联合接线盒出现烧毁等故障时开展的更换工作。此类现场作业一般采用变电第一种工作票或配电第一种工作票。

（一）应用场景一

运维人员在巡视 35kV ×× 变电站 10kV ×× 间隔时，发现电能表屏内联合接线盒 A 相电流端子松动造成接线柱烧毁，影响电能计量，现通知计量人员开展该接线盒更换工作。

（二）票例 1

变电第一种工作票

单位 ___国网××供电公司客户服务中心___ 编号 ___××-××-××___

1. 工作负责人（监护人）___何××___ 班组 ___计量采集班___

2. 工作班人员（不包括工作负责人）___曹××___ 共 _1_ 人。

3. 工作的变、配电站名称

___35kV ×× 变电站___

4. 工作任务

工作地点及设备双重名称	工作内容
35kV ×× 变电站 10kV 开关室 ×× 间隔	联合接线盒更换

5. 计划工作时间：自 _2023_ 年 _09_ 月 _10_ 日 _09_ 时 _00_ 分

至 _2023_ 年 _09_ 月 _10_ 日 _17_ 时 _00_ 分

6. 安全措施（必要时可附页绘图说明）

应拉断路器（开关）、隔离开关（刀闸）	已执行
（1）拉开 10kV Ⅱ 段母线 ×× 间隔开关	√
（2）拉开 10kV Ⅱ 段母线 ×× 间隔线路刀闸	√
（3）拉开 10kV Ⅱ 段母线 ×× 间隔母线刀闸	√
应装接地线、应合接地刀闸（注明确实地点、名称和接地线编号）	已执行
（1）在 10kV Ⅱ 段母线 ×× 间隔线路刀闸线路侧挂（ 01 ）号接地线	√
（2）在 10kV Ⅱ 段母线 ×× 间隔母线刀闸开关侧挂（ 02 ）号接地线	√

续表

应设遮栏、应挂标示牌及防止二次回路误碰等措施	已执行
（1）在 10kV Ⅱ 段母线×× 间隔开关柜挂"在此工作"标示牌	√
（2）用围栏将 10kV Ⅱ 段母线×× 间隔与相邻运行设备隔开并挂"止步，高压危险"标示牌	√
（3）锁住 10kV Ⅱ 段母线×× 间隔线路刀闸、母线刀闸操作把手，并挂"禁止合闸，有人工作"标示牌	√
（4）在工作人员进出通道口挂"从此进出"标示牌	√
（5）工作时，拆开的引线、断开的线头应采取绝缘包裹等遮蔽措施	√
工作地点保留带电部分或注意事项（由工作票签发人填写）	补充工作地点保留带电部分和安全措施（由工作许可人填写）
（1）10kV Ⅱ 段母线带电运行	无
（2）10kV Ⅱ 段母线×× 间隔开关柜内母线侧带电	
（3）10kV Ⅱ 段母线×× 间隔相邻（×× 间隔）、（×× 间隔）间隔带电运行	
（4）工作中人员注意与带电部位保持足够的安全距离：10kV，≥0.7m	

工作票签发人签名＿＿王××＿＿ 签发日期 2023 年 09 月 09 日 17 时 00 分

7．收到工作票时间 2023 年 09 月 09 日 18 时 00 分

运维人员签名 ＿＿＿＿金××＿＿＿＿ 工作负责人签名＿＿＿＿何××＿＿＿＿

8．确认本工作票 1～7 项

工作负责人签名＿＿＿何××＿＿＿ 工作许可人签名＿＿＿＿金××＿＿＿

许可开始工作时间：2023 年 09 月 10 日 09 时 10 分

9．确认工作负责人布置的工作任务和安全措施

工作班组人员签名：

＿曹××＿＿＿＿＿＿＿＿＿＿＿＿＿＿＿＿＿＿＿＿＿＿＿＿＿＿＿＿＿＿＿＿＿＿

10．工作负责人变动情况

原工作负责人＿＿无＿＿ 离去，变更 ＿＿＿＿＿＿＿为工作负责人。

工作票签发人＿＿＿＿＿＿＿ ＿＿＿＿＿年 ＿＿＿＿月 ＿＿＿日＿＿＿时＿＿＿分

11．工作人员变动情况（变动人员姓名、日期及时间）：

＿无。＿＿＿＿＿＿＿＿＿＿＿＿＿＿＿＿＿＿＿＿＿＿＿＿＿＿＿＿＿＿＿＿＿＿＿＿＿＿＿

工作负责人签名＿＿＿＿＿＿＿＿＿＿

12. 工作票延期：有效期延长到___无___年____月____日_____时_____分

工作负责人签名_____ _____年____月____日_____时_____分

工作许可人签名_____ _____年____月____日_____时_____分

13. 每日开工和收工记录（使用一天的工作票不必填写）

收工时间				工作负责人	工作许可人	开工时间				工作许可人	工作负责人
月	日	时	分			月	日	时	分		
无											

14. 工作终结

全部工作于 2023 年 09 月 10 日 10 时 10 分结束，设备及安全措施已恢复至开工前状态，工作人员已全部撤离，材料工具已清理完毕，工作已终结。

工作负责人签名___何××___ 工作许可人签名___金××___

15. 工作票终结

临时遮栏、标示牌已拆除，常设遮栏已恢复。未拆除或未拉开的接地线编号___无___等共_____组、接地刀闸（小车）共_____副（台），已汇报调度值班员。

工作许可人签名 _____ ____年 ___月__日__ 时 ___分

16. 备注

（1）指定专责监护人___无___ 负责监护_____（地点及具体工作）

（2）其他事项

___无。___

附图：

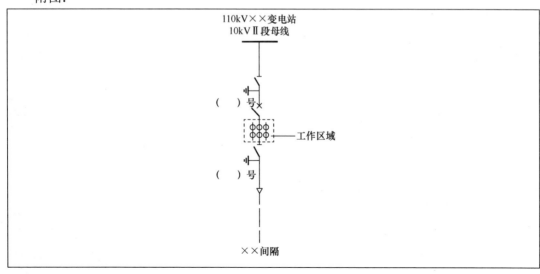

（三）应用场景二

国网××供电公司主站人员在用电信息采集主站监控时发现用户××公司电能表 C 相电流失流，派发用电异常工单，计量人员何××现场处理时发现该用户计量柜内联合接线盒有烧焦痕迹，现需开展该接线盒更换工作。

（四）票例二

配电第一种工作票

单位　　国网××供电公司客户服务中心　　　　　　　　编号　　　××-××-××

1. 工作负责人　何××　　　　　　　　　　　　　　班组　　　计量采集班

2. 工作班人员（不包括工作负责人）　　　　　　曹××　　　　　　　　　共 1 人。

3. 工作任务

工作地点或设备双重名称	工作内容
××公司 10kV 配电房计量柜	联合接线盒更换

4. 计划工作时间：自 2023 年 09 月 10 日 09 时 00 分

至 2023 年 09 月 10 日 17 时 00 分

5. 安全措施（必要时可附页绘图说明）

5.1　调控或运维人员应采取的安全措施	已执行
（1）拉开 10kV 1 号主变压器开关	√
（2）拉开 10kV 1 号主变压器负荷侧刀闸、电源侧刀闸、母线压变柜刀闸、计量柜刀闸	√
（3）将 10kV 进线开关柜改为冷备用	√
（4）在 10kV 进线柜进线侧挂（ 01 ）号接地线一副	√
（5）合上 1 号主变压器出线侧接地刀闸	√
（6）在进线开关柜、主变压器开关操作手柄上挂"禁止合闸，有人工作！"标示牌	√
（7）用围栏将 10kV 计量柜与相邻运行设备隔开并挂"止步，高压危险"标示牌	√
（8）在 10kV 计量柜入口处挂"在此工作"标示牌	√
（9）在工作人员进出通道口挂"从此进出"标示牌	√
5.2　工作班完成的安全措施	已执行
无	

5.3　工作班装设（或拆除）的接地线

线路名称或设备双重名称和装设位置	接地线编号	装设时间	拆除时间
无			

5.4　配合停电线路应采取的安全措施	已执行
将 10kV ××开关站至××公司 10kV 配电房进线隔离柜开关改为冷备用	√

5.5　保留或邻近的带电线路、设备

　　无。

5.6　其他安全措施和注意事项

　　（1）工作时，拆开的引线、断开的线头应采取绝缘包裹等遮蔽措施；

　　（2）严禁电流互感器二次回路开路或接地，严禁电压互感器二次短路或接地。

工作票签发人签名　王××　　　2023　年　09　月　09　日　16　时　30　分

工作负责人签名　何××　　　2023　年　09　月　09　日　17　时　00　分

5.7　其他安全措施和注意事项补充（由工作负责人或工作许可人填写）

　　在无盖板的电缆沟上加设警示围栏，防止工作人员坠入电缆沟。

6. 工作许可

许可单位	许可的线路或设备	许可方式	工作许可人签名	工作负责人签名	许可工作的时间
供电公司	××公司 10kV 配电房计量柜	口头许可	张××	何××	2023 年 09 月 10 日 09 时 15 分
用户	××公司 10kV 配电房计量柜	现场许可	王××（用户电工）	何××	2023 年 09 月 10 日 09 时 18 分

7. 工作任务单登记

工作任务单编号	工作任务	小组负责人	工作许可时间	工作结束报告时间
无				

8. 现场交底，工作班成员确认工作负责人布置的工作任务、人员分工、安全措施和注意事项并签名：

　　曹××

9. 人员变更

9.1　工作负责人变动情况：原工作负责人　无　离去，变更　　　　　为工作负责人。

工作票签发人_____ _____年 ____月 _____日____ 时 ____分

原工作负责人签名确认_____ 新工作负责人签名确认_____

_____年 ____月 ____日_____ 时 ____分

9.2 工作人员变动情况

新增人员	姓名	无				
	变更时间					
离开人员	姓名					
	变更时间					

工作负责人签名_____

10. 工作票延期：有效期延长到 ___无___年 ____月 ____日 ____时 ____分

工作负责人签名_____ _____年 ____月 ____日 ____时 ____分

工作许可人签名_____ _____年 ____月 ____日 ____时 ____分

工作许可人（用户）签名_____ _____年 ____月 ____日 ____时 ____分

11. 每日开工和收工记录（使用一天的工作票不必填写）

收工时间	工作负责人	工作许可人	开工时间	工作许可人	工作负责人
无					

12. 工作终结

12.1 工作班现场所装设接地线共_____组、 个人保安线共 _____组已全部拆除，工作班人员已全部撤离现场，材料工具已清理完毕，杆塔、设备上已无遗留物。

12.2 工作终结报告

许可单位	许可的线路或设备	许可方式	工作负责人签名	工作许可人签名	终结报告时间
供电公司	××公司 10kV 配电房计量柜	口头许可	何××	张××	2023 年 09 月 10 日 10 时 15 分
用户	××公司 10kV 配电房计量柜	现场许可	何××	王××（用户电工）	2023 年 09 月 10 日 10 时 18 分

13. 备注

13.1 指定专责监护人____无____ 负责监护_____

_____（地点及具体工作）

13.2 其他事项

___无。___

附图：

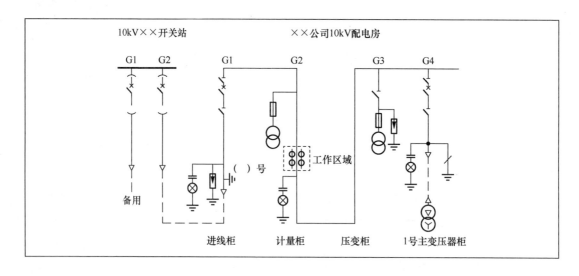

五、变电站电能表、终端装拆及更换

变电站电能表、终端装拆及更换作业是指对 35kV 及以上变电站内电能表、终端，因用电变更、故障、轮换等进行不停电装拆及更换的工作。此类现场作业一般采用变电第二种工作票。

（一）应用场景

110kV ××变电站，继电保护室电能表屏××间隔电能表时钟超差 30min，经现场核查，原因为电能表时钟电池欠压且现场对时不成功，现开展电能表更换工作。

（二）票例

变电第二种工作票

单位　国网××供电公司客户服务中心　　　　　　　　编号　　　××-××-××

1．工作负责人（监护人）　　　何××　　　　　　班组　　　装表检测班　　　

2．工作班人员（不包括工作负责人）

　曹××　　　　　　　　　　　　　　　　　　　　　　　等共　1　人。

3．工作的变、配电站名称及设备双重名称

　110kV ××变电站，继电保护室电能表屏××间隔。

4．工作任务

工作地点或地段	工作内容
110kV ××变电站继电保护室电能表屏××间隔	电能表更换工作

5．计划工作时间：自　2023　年　09　月　23　日　09　时　00　分

　　　　　　　　　至　2023　年　09　月　23　日　12　时　00　分

6. 工作条件（停电或不停电，或邻近及保留带电设备名称）

　　不停电。

7. 注意事项（安全措施）

　　（1）变电站内一、二次设备均在运行，工作时应有专人监护，防止误动误碰运行设备；

　　（2）在工作地点悬挂"在此工作"标示牌，装设遮栏或围栏，相邻间隔悬挂"止步，高压危险！"标示牌；

　　（3）严禁电压互感器二次短路或接地，严禁电流互感器二次回路开路；

　　（4）做好防止相间短路、相对地短路和电弧灼伤措施；

　　（5）工作中与带电设备保持足够安全距离（10kV，不小于 0.7m）。

工作票签发人签名　王××　　　　　　　　　2023 年 09 月 23 日 08 时 15 分

8. 补充安全措施（工作许可人填写）

　　无。

9. 确认本工作票 1～8 项

工作负责人签名　　何××　　　　　　　工作许可人签名　　　金××

许可工作时间：　2023　年 09 月 23 日 09 时 30 分

10. 确认工作负责人布置的工作任务和安全措施

工作班人员签名：

　　曹××

11. 工作票延期：有效期延长到　　无　　年　　　月　　　日　　　时　　　分

工作负责人签名　　无　　　　　　　　年　　　月　　　日　　　时　　　分

工作许可人签名　　无　　　　　　　　年　　　月　　　日　　　时　　　分

12. 工作终结

全部工作于　2023　年 09 月 23 日 10 时 15 分结束，工作人员已全部撤离，材料工具已清理完毕。

工作负责人签名　何××　　　　　　　2023 年 09 月 23 日 10 时 15 分

工作许可人签名　金××　　　　　　　2023 年 09 月 23 日 10 时 20 分

13. 备注

　　无。

六、变电站电能表现场校验

　　变电站电能表现场校验作业是指对带负荷运行的 35kV 及以上变电站内电能表进行首次检验、周期检验、误差超差检验等现场校验的工作。此类现场作业一般采用变电第二种工作票。

（一）应用场景

220kV ××变电站，110kV ××线路为新上用户××有限公司专线，新装电能表规格 3×57.7/100V，3×1.5（6）A，准确度等级 0.5S 级，属于Ⅱ类电能计量装置，该电能表为新投运且已带负荷运行 3 天，现需开展首次现场校验工作。

（二）票例

变电第二种工作票

单位　国网××供电公司客户服务中心　　　　　　　编号　　××-××-××

1. 工作负责人（监护人）　　何××　　　　　班组　　装表检测班

2. 工作班人员（不包括工作负责人）

　曹××　　　　　　　　　　　　　　　　　　　　　　等共　1　人

3. 工作的变、配电站名称及设备双重名称

　220kV ××变电站控制室电能表屏××间隔

4. 工作任务（工作地点及设备双重名称）

工作地点或地段	工作内容
220kV ××变电站控制室电能表屏××间隔	电能表现场校验

5. 计划工作时间：自　　2023　　年　07　月　20　日　09　时　00　分

　　　　　　　　至　　2023　　年　07　月　20　日　12　时　00　分

6. 工作条件（停电或不停电，或邻近及保留带电设备名称）

　不停电。

7. 注意事项（安全措施）

　（1）变电站内一、二次设备均在运行，工作时应有专人监护，防止误动误碰运行设备；

　（2）在工作地点悬挂"在此工作"标示牌，相邻间隔悬挂"止步，高压危险！"标示牌；

　（3）严禁电压互感器二次短路或接地，严禁电流互感器二次回路开路；

　（4）使用电流钳时，应从导线外侧钳入，并扶持牢固，且不能碰触电压测试导线，防止掉落，测试导线挂接要牢固，接线不能松动；

　（5）工作时，拆开的引线、断开的线头应采取绝缘包裹等遮蔽措施；

　（6）工作中与带电设备保持足够安全距离。

工作票签发人签名　王××　　　　　　2023　年　07　月　20　日　08　时　15　分

8. 补充安全措施（工作许可人填写）

　无。

9. 确认本工作票 1~8 项

工作负责人签名＿＿＿＿何××＿＿＿＿＿　　　　　　　工作许可人签名＿＿＿＿＿金××＿＿＿＿

许可工作时间：＿＿2023＿＿年＿07＿月＿20＿日＿09＿时＿30＿分

10. 确认工作负责人布置的工作任务和安全措施

工作班人员签名：

＿曹××＿＿＿＿＿＿＿＿＿＿＿＿＿＿＿＿＿＿＿＿＿＿＿＿＿＿＿＿＿＿＿＿＿＿＿＿

11. 工作票延期：有效期延长到＿＿＿无＿＿＿年＿＿＿＿月＿＿＿＿日＿＿＿＿时＿＿＿＿分

工作负责人签名＿＿＿无＿＿＿　　　　　　年＿＿＿＿月＿＿＿＿日＿＿＿＿时＿＿＿＿分

工作许可人签名＿＿＿无＿＿＿　　　　　　年＿＿＿＿月＿＿＿＿日＿＿＿＿时＿＿＿＿分

12. 工作终结

全部工作于＿＿2023＿＿年＿07＿月＿20＿日＿09＿时＿55＿分结束，工作人员已全部撤离，材料工具已清理完毕。

工作负责人签名＿＿何××＿＿＿　　　　　　＿2023＿年＿07＿月＿20＿日＿09＿时＿55＿分

工作许可人签名＿＿金××＿＿＿　　　　　　＿2023＿年＿07＿月＿20＿日＿10＿时＿00＿分

13. 备注

＿无。＿＿＿＿＿＿＿＿＿＿＿＿＿＿＿＿＿＿＿＿＿＿＿＿＿＿＿＿＿＿＿＿＿＿＿＿＿＿＿

七、变电站二次回路现场检测

变电站二次回路现场检测作业是指对运行中的 35kV 及以上变电站内电能计量装置，在首次投运、二次回路或负荷变动后或按周期实施的电压互感器二次回路电压降、互感器实际二次负荷的现场检测工作。此类现场作业一般采用变电第二种工作票。

（一）应用场景

220kV ××变电站，35kV ××线路为××有限公司专线，该公司电能计量装置已投运 2 年，根据《电能计量装置技术管理规程》（DL/T 448—2016）要求，现开展电压互感器二次回路电压降现场检测工作。

（二）票例

变电第二种工作票

单位＿国网××供电公司客户服务中心＿＿＿＿　　　编号＿＿＿＿××-××-××＿＿＿＿

1. 工作负责人（监护人）＿＿＿＿何××＿＿＿＿　　班组＿＿＿＿＿装表检测班＿＿＿＿＿

2. 工作班人员（不包括工作负责人）

＿曹××、周××、朱××＿＿＿＿＿＿＿＿＿＿＿＿＿＿＿＿＿＿＿＿共＿3＿人

3．工作的变电站、配电站名称及设备双重名称

　220kV××变电站35kV开关室及35kV电压互感器二次端子箱　

4．工作任务（工作地点及设备双重名称）：

工作地点或地段	工作内容
220kV××变电站35kV开关室及35kV电压互感器二次端子箱	××间隔电压互感器二次压降测试

5．计划工作时间：自　2023　年　03　月　08　日　09　时　00　分。

至　2023　年　03　月　08　日　17　时　00　分。

6．工作条件（停电或不停电，或邻近及保留带电设备名称）

　不停电。　

7．注意事项（安全措施）

　（1）变电站内一、二次设备均在运行，工作时应有专人监护，防止误动误碰运行设备；

　（2）在工作地点悬挂"在此工作"标示牌；

　（3）校验现场应装设遮栏或围栏，遮栏或围栏与校验设备高压部分应有足够的安全距离，向外悬挂"止步，高压危险！"标示牌，并派专人看守；

　（4）高空放线时需用绳子牵引并防止导线大幅度摆动、误碰附近高压线路；

　（5）测试导线挂接要牢固，接线不能松动；严禁电压互感器二次短路或接地；

　（6）工作时，拆开的引线、断开的线头应采取绝缘包裹等遮蔽措施；

　（7）工作中与带电设备保持足够安全距离（35kV，不小于1.0m）。

工作票签发人签名　王××　　　　　　　　2023　年　03　月　08　日　08　时　15　分

8．补充安全措施（工作许可人填写）

　无。　

9．确认本工作票1～8项

工作负责人签名　何××　　　　　　　　　工作许可人签名　金××　

许可工作时间：　2023　年　03　月　08　日　09　时　45　分

10．确认工作负责人布置的工作任务和安全措施

工作班人员签名：

　曹××、周××、朱××　

11．工作票延期：有效期延长到　无　年　　月　　日　　时　　分

工作负责人签名　无　　　　　　　年　　月　　日　　时　　分

工作许可人签名　无　　　　　　　年　　月　　日　　时　　分

12．工作终结

全部工作于___2023___年_03_月_08_日_11_时_05_分结束，工作人员已全部撤离，材料工具已清理完毕。

工作负责人签名___何××___　　　　　　　　___2023__年_03_月_08_日_11_时_05_分

工作许可人签名___金××___　　　　　　　　___2023__年_03_月_08_日_11_时_10_分

13．备注

　无。

八、变电站计量装置故障处理

变电站计量装置故障处理作业是指对运行中的 35kV 及以上变电站内电能计量装置（包括各种类型的电能表、计量用电压、电流互感器（或专用二次绕组）及其二次回路、电能计量柜（箱、屏）等）开展故障处理的工作。此类现场作业一般采用变电第二种工作票。

（一）应用场景

110kV ××变电站全站电量不平衡，经主站分析为10kV ××间隔电能表 A 相电压时有时无，怀疑接线端子接触不良，现需开展现场核查 故障处理。

（二）票例

变电第二种工作票

单位___国网××供电公司客户服务中心___　　　编号___××-××-××___

1．工作负责人（监护人）___何××___　　　班组___装表检测班___

2．工作班人员（不包括工作负责人）

___曹××___　　　　　　　　　　　　　　　　　　　　共___1___人

3．工作的变、配电站名称及设备双重名称

___110kV ××变电站继电保护室电能表屏××间隔___

4．工作任务（工作地点及设备双重名称）：

工作地点或地段	工作内容
110kV ××变电站继电保护室电能表屏××间隔	电能表故障处理

5．计划工作时间：自___2023___年_05_月_19_日_09_时_00_分

　　　　　　　　至___2023___年_05_月_19_日_12_时_00_分

6．工作条件（停电或不停电，或邻近及保留带电设备名称）

___不停电。___

7．注意事项（安全措施）

　　（1）变电站内一、二次设备均在运行，工作时应有专人监护，防止误动误碰运行设备；

　　（2）在工作地点悬挂"在此工作"标示牌，相邻间隔悬挂"止步，高压危险！"标示牌；

　　（3）严禁电压互感器二次短路或接地，严禁电流互感器二次回路开路；

　　（4）工作中与带电设备保持足够安全距离（10kV，不小于 0.7m）。

工作票签发人签名　王××　　　　　　　　　　　　2023　年 05 月 19 日 08 时 15 分

8．补充安全措施（工作许可人填写）

　　无。

9．确认本工作票 1～8 项

工作负责人签名　　何××　　　　　　　　　工作许可人签名　　　金××　　

许可工作时间：　2023　　年　05　月　19　日　09　时　30　分

10．确认工作负责人布置的工作任务和安全措施

工作班人员签名：

　曹××

11．工作票延期：有效期延长到　　无　　年　　　月　　　日　　　时　　　分

工作负责人签名　　无　　　　　　　　年　　　月　　　日　　　时　　　分

工作许可人签名　　无　　　　　　　　年　　　月　　　日　　　时　　　分

12．工作终结

全部工作于　　2023　　年　05　月　19　日　10　时　15　分结束，工作人员已全部撤离，材料工具已清理完毕。

工作负责人签名　　何××　　　　　　　2023　年 09 月 23 日 10 时 15 分

工作许可人签名　　金××　　　　　　　2023　年 09 月 23 日 10 时 20 分

13．备注

　　无。

九、高压电能表、终端装拆及更换

　　高压电能表、终端装拆及更换是指对 10（20）kV 开关站、高供高计用户计量二次回路中的电能表、采集终端，因用电变更、故障、轮换进行的不停电装拆及更换作业。此类现场作业一般采用"配电第二种工作票"。

（一）应用场景

　　××公司 35kV 高供高计电能表，规格为 3×100V，3×1.5（6）A，准确度等级为 0.5S 级，现场运行已达 6 年，根据《电能计量装置技术管理规程》（DL/T 448—2016）要求，现

需开展到期轮换工作。

（二）票例

配电第二种工作票

单位 _国网××供电公司客户服务中心_   编号 _××-××-××_

1. 工作负责人 _严××_   班组 _计量采集班_

2. 工作班成员（不包括工作负责人）_____周×× _____ 共 _1_ 人。

3. 工作任务

工作地点或设备［注明变（配）电站、 线路名称、设备双重名称及起止杆号］	工作内容
10kV××线××杆××公司配电房计量柜	电能表轮换

4. 计划工作时间：自 _2023_ 年 _10_ 月 _13_ 日 _08_ 时 _30_ 分

                 至 _2023_ 年 _10_ 月 _13_ 日 _11_ 时 _30_ 分

5. 工作条件和安全措施（必要时可附页绘图说明）

   （1）计量柜处挂"在此工作"标识牌；

   （2）严禁电流互感器二次侧开路、电压互感器二次侧短路或接地；

   （3）工作时，拆开的引线、断开的线头应采取绝缘包裹等遮蔽措施；

   （4）工作中加强监护，与带电设备保持足够的安全距离。

工作票签发人签名 _杨××_   _2023_ 年 _10_ 月 _13_ 日 _08_ 时 _30_ 分

工作负责人签名 _严××_   _2023_ 年 _10_ 月 _13_ 日 _11_ 时 _30_ 分

6. 现场补充的安全措施

  _无。_

7. 工作许可

许可单位	许可的线路或设备	许可方式	工作许可人签名	工作负责人签名	许可工作的时间
供电公司	××公司配电房计量柜	电话许可	马××	严××	2023 年 10 月 13 日 08 时 45 分
用户	××公司配电房计量柜	现场许可	王××	严××	2023 年 10 月 13 日 08 时 45 分

8. 现场交底，工作班成员确认工作负责人布置的工作任务、人员分工、安全措施和注意事项并签名：

  周××

工作开始时间　2023 年 10 月 13 日 08 时 47 分　工作负责人签名　严××

9．工作票延期：有效期延长到　　　无　　年　　　月　　　日　　　时　　　分

工作负责人签名＿＿＿＿＿＿＿＿＿　　　　　　年　　月　　日　　时　　分

工作许可人签名＿＿＿＿＿＿＿＿＿　　　　　　年　　月　　日　　时　　分

工作许可人（用户）签名＿＿＿＿＿＿　　　　年　　月　　日　　时　　分

10．工作完工时间 2023 年 10 月 13 日 09 时 35 分　工作负责人签名＿严××

11．工作终结

11.1　工作班人员已全部撤离现场，材料工具已清理完毕，杆塔、设备上已无遗留物。

11.2　工作终结报告：

许可单位	终结的线路或设备	报告方式	工作负责人签名	工作许可人签名	终结报告时间
供电公司	××公司配电房计量柜	电话报告	严××	马××	2023 年 10 月 13 日 09 时 40 分
用户	××公司配电房计量柜	现场报告	严××	王××	2023 年 10 月 13 日 09 时 42 分

12．备注

12.1　指定专责监护人＿＿＿无＿＿＿　负责监护＿＿＿＿＿＿＿＿＿＿＿＿＿＿＿（地点及具体工作）

12.2　其他事项

　　无。

十、高压电能表现场检验

　　高压电能表现场检验是指对带负荷运行的 10（20）kV 开关站、高供高计用户计量柜内电能表进行首次检验、周期检验、误差超差检验以及用户申校等现场校验的工作。此类现场作业一般采用配电第二种工作票。

（一）应用场景

　　10kV ××公司电工发现该公司分表电量之和与供电公司总表电量误差超过 5%，表示对总表计量准确度是否满足要求存在疑义，向国网××供电公司申请校验，现需开展电能表现场校验工作。

（二）票例

配电第二种工作票

单位　国网××供电公司客户服务中心　　　　编号＿＿××-××-××＿＿

1．工作负责人＿＿＿严××＿＿＿　　　　班组＿＿＿计量采集班＿＿＿＿

2．工作班成员（不包括工作负责人）＿＿＿＿＿＿周××＿＿＿＿＿＿共 1 人。

3．工作任务

工作地点或设备（注明变（配）电站、线路名称、设备双重名称及起止杆号）	工作内容
10kV ××线××杆××公司配电房计量柜	电能表现场校验

4．计划工作时间：自 __2023__ 年 __10__ 月 __14__ 日 __08__ 时 __30__ 分

　　　　　　　　　至 __2023__ 年 __10__ 月 __14__ 日 __11__ 时 __30__ 分

5．工作条件和安全措施（必要时可附页绘图说明）

　　（1）计量柜处挂"在此工作"标识牌；

　　（2）严禁电流互感器二次侧开路、电压互感器二次侧短路或接地；

　　（3）使用电流钳时，应从导线外侧钳入，并扶持牢固，且不能碰触电压测试导线，防止掉落，测试导线挂接要牢固，接线不能松动；

　　（4）工作时，拆开的引线、断开的线头应采取绝缘包裹等遮蔽措施；

　　（5）工作中加强监护，与带电设备保持足够的安全距离。

　　工作票签发人签名　__杨××__　　　　__2023__ 年 __10__ 月 __13__ 日 __08__ 时 __30__ 分

　　工作负责人签名　　__严××__　　　　__2023__ 年 __10__ 月 __13__ 日 __08__ 时 __30__ 分

6．现场补充的安全措施

　　无。

7．工作许可

许可单位	许可的线路或设备	许可方式	工作许可人签名	工作负责人签名	许可工作的时间
供电公司	××公司配电房计量柜	电话许可	马××	严××	2023 年 10 月 14 日 08 时 45 分
用户	××公司配电房计量柜	现场许可	张××	严××	2023 年 10 月 14 日 08 时 46 分

8．现场交底，工作班成员确认工作负责人布置的工作任务、人员分工、安全措施和注意事项并签名：

　　__周××__

工作开始时间__2023__ 年 __10__ 月 __14__ 日 __08__ 时 __49__ 分　　工作负责人签名__严××__

9．工作票延期：有效期延长到　　__无__ 年 ___ 月 ___ 日 ___ 时 ___ 分

工作负责人签名_____　　　___ 年 ___ 月 ___ 日 ___ 时 ___ 分

工作许可人签名_____　　　___ 年 ___ 月 ___ 日 ___ 时 ___ 分

工作许可人（用户）签名_____　　　___ 年 ___ 月 ___ 日 ___ 时 ___ 分

10．工作完工时间__2023__ 年 __10__ 月 __14__ 日 __09__ 时 __25__ 分　　工作负责人签名__严××__

11．工作终结

11.1 工作班人员已全部撤离现场，材料工具已清理完毕，杆塔、设备上已无遗留物。

11.2 工作终结报告：

许可单位	终结的线路或设备	报告方式	工作负责人签名	工作许可人签名	终结报告时间
供电公司	××公司配电房计量柜	电话报告	严××	马××	2023 年 10 月 14 日 09 时 27 分
用户	××公司配电房计量柜	现场报告	严××	张××	2023 年 10 月 14 日 09 时 28 分

12. 备注

12.1 指定专责监护人_____无_____负责监护_____（地点及具体工作）

12.2 其他事项

_____无。

十一、二次回路现场检测

二次回路现场检测是指运行中的 10（20）kV 开关站、高供高计和高供低计用户的电能计量装置，在首次投运、二次回路或负荷变动后或按周期实施的电压互感器二次回路电压降、互感器实际二次负荷的现场检测工作。此类现场作业一般采用配电第二种工作票。

（一）应用场景

10kV ××公司供电容量由 315kVA 增容至 630kVA，在更换电能表及互感器后，二次回路负荷变动可能存在二次压降、二次负荷不满足要求的情况。根据《电能计量装置技术管理规程》（DL/T 448—2016）要求，现需开展电压互感器二次回路电压降、互感器实际二次负荷现场检测工作。

（二）票例

配电第二种工作票

单位 国网××供电公司客户服务中心　　　　　　编号 ××-××-××

1. 工作负责人 严××　　　　　　　　　　班组 计量采集班

2. 工作班成员（不包括工作负责人）：周××、张××、祝××　　　　共 3 人。

3. 工作任务

工作地点或设备［注明变（配）电站、线路名称、设备双重名称及起止杆号］	工作内容
10kV ××线××杆××公司配电房计量柜	电压互感器二次回路电压降、互感器实际二次负荷现场检测

4. 计划工作时间：自 2023 年 10 月 15 日 08 时 30 分

至　_2023_ 年 _10_ 月 _15_ 日 _15_ 时 _00_ 分

5. 工作条件和安全措施（必要时可附页绘图说明）

　　（1）计量柜处挂"在此工作"标识牌；

　　（2）严禁电流互感器二次侧开路、电压互感器二次侧短路或接地；

　　（3）工作时，拆开的引线、断开的线头应采取绝缘包裹等遮蔽措施；

　　（4）工作中加强监护，与带电设备保持足够的安全距离；

　　（5）施放电缆时应小心电缆外皮破损；

　　（6）测试导线挂接要牢固，接线不能松动；

　　（7）严禁电压互感器二次短路或接地，严禁电流互感器二次开路；

　　（8）电流钳钳入端子排时，应从导线外侧钳入，并扶持牢固，且不能碰触电压测试导线，防止掉落；

　　（9）测试完毕后应将测试电缆进行放电，防止人身触电危险。

工作票签发人签名　_杨××_　　2023 年 _10_ 月 _13_ 日 _08_ 时 _30_ 分

工作负责人签名　_严××_　　2023 年 _10_ 月 _13_ 日 _08_ 时 _30_ 分

6. 现场补充的安全措施

　_无。_

7. 工作许可

许可单位	许可的线路或设备	许可方式	工作许可人签名	工作负责人签名	许可工作的时间
供电公司	××公司配电房计量柜	电话许可	马××	严××	2023 年 10 月 15 日 09 时 15 分
用户	××公司配电房计量柜	现场许可	张××	严××	2023 年 10 月 15 日 09 时 16 分

8. 现场交底，工作班成员确认工作负责人布置的工作任务、人员分工、安全措施和注意事项并签名：

　_周××、张××、祝××_

工作开始时间 _2023_ 年 _10_ 月 _15_ 日 _09_ 时 _20_ 分　　工作负责人签名 _严××_

9. 工作票延期：有效期延长到　　_无_ 年 ___ 月 ___ 日 ___ 时 ___ 分

工作负责人签名_____　　___ 年 ___ 月 ___ 日 ___ 时 ___ 分

工作许可人签名_____　　___ 年 ___ 月 ___ 日 ___ 时 ___ 分

工作许可人（用户）签名_____　　___ 年 ___ 月 ___ 日 ___ 时 ___ 分

10. 工作完工时间 _2023_ 年 _10_ 月 _15_ 日 _10_ 时 _35_ 分　　工作负责人签名 _严××_

11. 工作终结

11.1 工作班人员已全部撤离现场，材料工具已清理完毕，杆塔、设备上已无遗留物。

11.2 工作终结报告：

许可单位	终结的线路或设备	报告方式	工作负责人签名	工作许可人签名	终结报告时间
供电公司	××公司配电房计量柜	电话报告	严××	马××	2023 年 10 月 15 日 10 时 39 分
用户	××公司配电房计量柜	现场报告	严××	张××	2023 年 10 月 15 日 10 时 40 分

12．备注

12.1　指定专责监护人＿＿＿＿无＿＿＿＿　负责监护＿＿＿＿＿＿＿＿＿＿＿＿＿＿＿＿（地点及具体工作）

12.2　其他事项

＿＿无。＿＿＿＿＿＿＿＿＿＿＿＿＿＿＿＿＿＿＿＿＿＿＿＿＿＿＿＿＿＿＿＿＿

十二、高压计量装置故障处理

高压计量装置故障处理是指对运行中的 10（20）kV 开关站、高供高计用户的高压计量装置［包括各种类型的电能表、计量用电压、电流互感器（或专用二次绕组）及其二次回路、电能计量柜（箱、屏）等］开展故障处理的工作。此类现场作业一般采用"配电第二种工作票"。

（一）应用场景

某日，用电信息采集系统显示 10kV 高供高计用户××公司电压异常，其中二次侧 A 相电压为 43V，C 相电压为 57V，怀疑计量柜内电压互感器某相高压熔丝烧毁，现需开展现场核查故障处理。

（二）票例

配电第二种工作票

单位＿国网××供电公司客户服务中心＿　　　　　　　　编号＿＿××-××-××＿＿

1．工作负责人＿＿＿严××＿＿＿　　　　　　　班组＿＿＿＿计量采集班＿＿＿＿

2．工作班成员（不包括工作负责人）：＿周××＿＿＿＿＿＿＿＿＿＿＿共＿1＿人。

3．工作任务

工作地点或设备［注明变（配）电站、线路名称、设备双重名称及起止杆号］	工作内容
10kV ××线××杆××公司配电房计量柜	现场故障处理

4．计划工作时间：自　2023　年　10　月　16　日　08　时　30　分

　　　　　　　　　至　2023　年　10　月　16　日　15　时　00　分

5．工作条件和安全措施（必要时可附页绘图说明）

　（1）计量柜处挂"在此工作"标识牌；

（2）严禁电流互感器二次侧开路、电压互感器二次侧短路或接地；

（3）工作时，拆开的引线、断开的线头应采取绝缘包裹等遮蔽措施；

（4）工作中加强监护，与带电设备保持足够的安全距离。

工作票签发人签名　__杨××__　　　__2023__ 年 __10__ 月 __13__ 日 __08__ 时 __30__ 分

工作负责人签名　__严××__　　　__2023__ 年 __10__ 月 __13__ 日 __08__ 时 __30__ 分

6．现场补充的安全措施

　__无。__

7．工作许可

许可单位	许可的线路或设备	许可方式	工作许可人签名	工作负责人签名	许可工作的时间
供电公司	××公司配电房计量柜	电话许可	马××	严××	2023 年 10 月 16 日 09 时 45 分
用户	××公司配电房计量柜	现场许可	郑××	严××	2023 年 10 月 16 日 09 时 45 分

8．现场交底，工作班成员确认工作负责人布置的工作任务、人员分工、安全措施和注意事项并签名：

　__周××__

工作开始时间 __2023__ 年 __10__ 月 __16__ 日 __09__ 时 __47__ 分　　工作负责人签名　__严××__

9．工作票延期：有效期延长到　　__无__　年　　月　　日　　时　　分

工作负责人签名_____　　　　　__年___月___日___时___分

工作许可人签名_____　　　　　__年___月___日___时___分

工作许可人（用户）签名_____　　　　　__年___月___日___时___分

10．工作完工时间 __2023__ 年 __10__ 月 __16__ 日 __10__ 时 __35__ 分　　工作负责人签名　__严××__

11．工作终结

11.1　工作班人员已全部撤离现场，材料工具已清理完毕，杆塔、设备上已无遗留物。

11.2　工作终结报告

许可单位	终结的线路或设备	报告方式	工作负责人签名	工作许可人签名	终结报告时间
供电公司	××公司配电房计量柜	电话报告	严××	马××	2023 年 10 月 16 日 10 时 37 分
用户	××公司配电房计量柜	现场报告	严××	郑××	2023 年 10 月 16 日 10 时 38 分

12．备注

12.1　指定专责监护人____无____　负责监护_____（地点及具体工作）

12.2　其他事项

　　无。

十三、计量箱更换、安装

　　计量箱更换、安装作业是根据用户用电报装或现场实际运行情况，对交流 220/380V 低压用户侧的单相或三相电能计量箱进行新装、更换或改造等工作。此类现场作业宜采用低压工作票。

（一）应用场景

　　××供电所台区经理陈××对所辖台区进行计量箱现场巡视工作，发现××台区用户颜××单相计量箱破损严重，影响用电安全，现需开展低压计量箱更换工作，该计量箱离地高度 1.5m，不属于高处作业。

（二）参考票例

低压工作票

单位　国网××供电公司客户服务中心　　　　　　　　编号　　××-××-××

1．工作负责人　陈××　　　　　　　　　　　　班组　　　××供电所××班

2．工作班成员（不包括工作负责人）　傅××　　　　　　　　　　　　共 1 人。

3．工作的线路名称或设备双重名称（多回路应注明双重称号及方位）、工作任务

　　10kV ××线××台区颜××用户单相计量箱更换。

4．计划工作时间：自 2023 年 07 月 01 日 09 时 30 分

　　　　　　　　　　至 2023 年 07 月 01 日 17 时 00 分

5．安全措施（必要时可附页绘图说明）

5.1　工作的条件和应采取的安全措施（停电、接地、隔离和装设的安全遮栏、围栏、标示牌等）

　　（1）在工作区域设置安全围栏，悬挂"在此工作"标示牌；

　　（2）低压电气带电工作，应采取绝缘隔离措施防止相间短路和单相接地。

5.2　保留的带电部位

　　10kV ××线××台区低压线路全部带电。

5.3　其他安全措施和注意事项

　　（1）工作时应有专人监护，与带电设备保持规定的安全距离；

　　（2）禁止带负荷断、接导线，带电拆除联户线应先拆相线后拆零线，带电搭接应先接零线后接相线；

　　（3）拆除导线裸露部分后，应立即进行绝缘包裹，不得触碰导线裸露部分；

　　（4）规范使用合格的梯子，并有人扶梯。

　　工作票签发人签名　乐××　　　　　　2023 年 07 月 01 日 09 时 00 分

工作负责人签名 ___陈××___　　　　　 _2023_ 年 _07_ 月 _01_ 日 _09_ 时 _10_ 分

6. 工作许可：

6.1　现场补充的安全措施

___公共区域内安装计量箱时，应可靠固定，并注意与水、热、天然气等管线之间留有足够的安全距离。___

6.2　确认本工作票安全措施正确完备，许可工作开始

许可方式 __电话许可__ 许可工作时间 _2023_ 年 _07_ 月 _01_ 日 _09_ 时 _35_ 分

工作许可人签名 ___孙××___　 工作负责人签名 ___陈××___

7. 现场交底，工作班成员确认工作负责人布置的工作任务、人员分工、安全措施和注意事项并签名

___傅××___

8. 工作票终结

工作班现场所装设接地线共 ___无___ 组、个人保安线共 _____ 组已全部拆除，工作班人员已全部撤离现场，工具、材料已清理完毕，杆塔、设备上已无遗留物。

工作负责人签名 ___陈××___　　 工作许可人签名 ___孙××___

工作终结时间 _2023_ 年 _07_ 月 _01_ 日 _10_ 时 _30_ 分

9. 备注

___无。___

十四、低压采集运维

低压采集运维作业是根据低压用户采集异常情况，通过用电信息采集系统召测集中器、采集器、电能表等数据进行主站分析，初步判断出故障类型后需到现场处理的运维工作。此类现场作业宜采用低压工作票。

（一）应用场景

××供电所采集运维人员刘××在用电信息采集系统日常监控中发现某单相用户孙××持续多天无抄表数据，经过主站召测分析研判确定为电池欠压引起的时钟异常，主站对时失败，现需开展现场485对时，该计量箱离地高度1.5m，不属于高处作业。

（二）参考票例

低压工作票

单位 __国网××供电公司客户服务中心__　　　　　 编号 ___××-××-××___

1. 工作负责人 __刘××__　　　　　　　　　　　 班组 __××供电所××班__

2. 工作班成员（不包括工作负责人）：__汪××__　　　　　　　　 共 _1_ 人。

3. 工作的线路名称或设备双重名称（多回路应注明双重称号及方位）、工作任务

__10kV××线××公用变压器用户孙××低压采集运维。__

4．计划工作时间：自 <u>2023</u> 年 <u>06</u> 月 <u>29</u> 日 <u>09</u> 时 <u>00</u> 分

至 <u>2023</u> 年 <u>06</u> 月 <u>29</u> 日 <u>10</u> 时 <u>00</u> 分

5．安全措施（必要时可附页绘图说明）：

5.1　工作的条件和应采取的安全措施（停电、接地、隔离和装设的安全遮栏、围栏、标示牌等）

　　（1）在工作区域设置安全围栏，悬挂"在此工作"标示牌；

　　（2）低压电气带电工作，应采取绝缘隔离措施防止相间短路和单相接地。

5.2　保留的带电部位

　　10kV ××线××公用变压器低压线路全部带电。

5.3　其他安全措施和注意事项

　　（1）工作时应有专人监护，与带电设备保持规定的安全距离；

　　（2）对可能发生误碰危险的安装位置，应对拆下的通信线进行包裹，作业人员不得直接触碰通信线导体部分；

　　（3）规范使用合格的梯子，并有人扶梯。

工作票签发人签名　<u>周××</u>　　<u>2023</u> 年 <u>06</u> 月 <u>29</u> 日 <u>08</u> 时 <u>45</u> 分

工作负责人签名　　<u>刘××</u>　　<u>2023</u> 年 <u>06</u> 月 <u>29</u> 日 <u>08</u> 时 <u>55</u> 分

6．工作许可

6.1　现场补充的安全措施

　　无。

6.2　确认本工作票安全措施正确完备，许可工作开始

许可方式　<u>电话许可</u>　许可工作时间 <u>2023</u> 年 <u>06</u> 月 <u>29</u> 日 <u>09</u> 时 <u>30</u> 分

工作许可人签名：　<u>余××</u>　　工作负责人签名：　<u>刘××</u>

7．现场交底，工作班成员确认工作负责人布置的工作任务、人员分工、安全措施和注意事项并签名：

　　<u>汪××</u>

8．工作票终结：

　　工作班现场所装设接地线共 <u>无</u> 组、个人保安线共 <u>无</u> 组已全部拆除，工作班人员已全部撤离现场，工具、材料已清理完毕，杆塔、设备上已无遗留物。

工作负责人签名 <u>刘××</u>　　工作许可人签名：　<u>余××</u>

工作终结时间：<u>2023</u> 年 <u>06</u> 月 <u>29</u> 日 <u>09</u> 时 <u>45</u> 分

9．备注

　　无。

十五、低压电能表、集中器的新装、更换、拆除

低压电能表、集中器的新装、更换、拆除是根据公司低压业扩报装、电能表轮换、采集改造、用电变更等业务进行所辖区域范围内电压等级为交流 220/380V 低压用户单、三相

电能表、集中器的新装、更换、拆除等工作。此类现场作业宜采用低压工作票。

（一）应用场景

　　××供电所××公变低压三相四线用户林××因搬迁，家里长时间不用电，申请电能表销户，现需开展现场低压电能表拆除工作，该计量箱离地高度1.5m，不属于高处作业。

（二）参考票例

低压工作票

单位___国网××供电公司客户服务中心___　　　　编号___××-××-××___

1．工作负责人_叶××_　　　　　　　　　　　班组___××供电所××班___

2．工作班成员（不包括工作负责人）___汪××___　　　　　　　　　　共_1_人。

3．工作的线路名称或设备双重名称（多回路应注明双重称号及方位）、工作任务

　10kV ××线××公用变压器用户林××销户。

4．计划工作时间：自_2023_年_10_月_10_日_14_时_00_分

　　　　　　　　　　　至_2023_年_10_月_10_日_15_时_00_分

5．安全措施（必要时可附页绘图说明）

5.1　工作的条件和应采取的安全措施（停电、接地、隔离和装设的安全遮栏、围栏、标示牌等）

　（1）在工作区域设置安全围栏，悬挂"在此工作"标示牌；

　（2）工作前要使用验电笔对金属计量箱、终端箱外壳及金属裸露部分进行验电，并确认计量箱外壳可靠接地；

　（3）低压电气带电工作，应采取绝缘隔离措施防止相间短路和单相接地；

　（4）规范使用合格的梯子，并有人扶梯。

5.2　保留的带电部位

　10kV ××线××公用变压器低压线路全部带电。

5.3　其他安全措施和注意事项

　（1）工作时应有专人监护，与带电设备保持规定的安全距离；

　（2）带电拆除联户线应先拆相线后拆零线，拆除导线裸露部分后，应立即进行绝缘包裹，不得触碰导线裸露部分。

工作票签发人签名___周××___　　_2023_年_10_月_10_日_10_时_52_分

工作负责人签名___叶××___　　　_2023_年_10_月_10_日_11_时_09_分

6．工作许可

6.1　现场补充的安全措施

　注意观察现场孔（洞）及锐物，人员相互提醒，防止踏空、扎伤。

6.2 确认本工作票安全措施正确完备，许可工作开始

许可方式 ＿电话许可＿ 许可工作时间：2023 年 10 月 10 日 14 时 10 分

工作许可人签名：＿王××＿ 工作负责人签名：＿叶××＿

7. 现场交底，工作班成员确认工作负责人布置的工作任务、人员分工、安全措施和注意事项并签名

＿汪××＿

8. 工作票终结

工作班现场所装设接地线共 ＿无＿ 组、个人保安线共 ＿＿＿＿ 组已全部拆除，工作班人员已全部撤离现场，工具、材料已清理完毕，杆塔、设备上已无遗留物。

工作负责人签名 ＿叶××＿ 工作许可人签名 ＿王××＿

工作终结时间：2023 年 10 月 10 日 14 时 30 分

9. 备注

＿无。＿

十六、低压电能计量装置故障处理

低压电能计量装置故障处理是指营销作业人员在所辖区域范围内通过用电信息采集系统计量和采集异常监控、营业普查、现场巡视、周期核抄等发现的台区电能表、低压电流互感器、二次接线、联合接线盒、计量箱等故障处理的工作。此类现场作业宜采用低压工作票。

（一）应用场景

××供电所××公用变压器用户中国××采集系统电能表"飞走"，经过主站分析判断为电能表故障，现需到现场进行故障处理，该计量箱离地高度 1.5m，不属于高处作业。

（二）参考票例

低压工作票

单位 ＿国网××供电公司客户服务中心＿ 编号＿＿＿＿××-××-××＿

1. 工作负责人 ＿刘××＿ 班组 ＿××供电所××班＿

2. 工作班成员（不包括工作负责人）＿余××＿ 共 1 人。

3. 工作的线路名称或设备双重名称（多回路应注明双重称号及方位）、工作任务：

＿10kV ××线××公用变压器用户中国××电能表现场故障处理。＿

4. 计划工作时间：自 2023 年 01 月 08 日 09 时 00 分

至 2023 年 01 月 08 日 11 时 00 分

5. 安全措施（必要时可附页绘图说明）

5.1 工作的条件和应采取的安全措施（停电、接地、隔离和装设的安全遮栏、围栏、标示牌等）

（1）在工作区域设置安全围栏，悬挂"在此工作"标示牌；

（2）低压电气带电工作，应采取绝缘隔离措施防止相间短路和单相接地。

5.2　保留的带电部位

10kV ××线××公用变压器低压线路全部带电。

5.3　其他安全措施和注意事项

（1）工作时应有专人监护，与带电设备保持规定的安全距离；

（2）禁止带负荷断、接导线，带电拆除联户线应先拆相线后拆中性线，带电搭接应先接零线后接相线；

（3）拆除导线裸露部分后，立即进行绝缘包裹，不得触碰导线裸露部分；

（4）规范使用合格的梯子，并有人扶梯。

工作票签发人签名　周××　　　2023 年 01 月 08 日 08 时 45 分

工作负责人签名　　刘××　　　2023 年 01 月 08 日 08 时 55 分

6．工作许可

6.1　现场补充的安全措施

无。

6.2　确认本工作票安全措施正确完备，许可工作开始

许可方式　电话许可　　许可工作时间 2023 年 01 月 08 日 09 时 35 分

工作许可人签名　余××　　　　　工作负责人签名　刘××

7．现场交底，工作班成员确认工作负责人布置的工作任务、人员分工、安全措施和注意事项并签名

汪××

8．工作票终结

工作班现场所装设接地线共　无　组、个人保安线共_____组已全部拆除，工作班人员已全部撤离现场，工具、材料已清理完毕，杆塔、设备上已无遗留物。

工作负责人签名 刘××　　工作许可人签名 余××

工作终结时间 2023 年 01 月 08 日 10 时 10 分

9．备注

无。

十七、低压电能表现场检验

低压电能表现场检验是指对带负荷运行的线损异常台区、计量失准、用户申校的交流220/380V 单、三相电能表开展现场检验的工作。此类现场作业宜采用低压工作票。

（一）应用场景

××供电所××公用变压器低压单相居民用户张××因上月所缴电费较近几月和往年同期高出不少，故在网上国网 App 上申请电能表现场校验，供电所员工汪××接到工单后，现需开展现场低压电能表现场校验工作，该计量箱离地高度 1.5m，不属于高处作业。

（二）参考票例

低压工作票

单位 国网××供电公司客户服务中心　　　　　　　　编号＿＿××-××-××＿＿＿

1．工作负责人 刘×× 　　　　　　　　　　　　班组　＿＿××供电所××班＿＿＿

2．工作班成员（不包括工作负责人）　汪×× 　　　　　　　　　　　　　共 1 人。

3．工作的线路名称或设备双重名称（多回路应注明双重称号及方位）、工作任务

　　10kV××线××公用变压器用户张××电能表现场校验。

4．计划工作时间：自 2023 年 02 月 21 日 14 时 00 分

　　　　　　　　　至 2023 年 02 月 21 日 17 时 00 分

5．安全措施（必要时可附页绘图说明）

5.1　工作的条件和应采取的安全措施（停电、接地、隔离和装设的安全遮栏、围栏、标示牌等）

　　（1）在工作区域设置安全围栏，悬挂"在此工作"标示牌；

　　（2）低压电气带电工作，应采取绝缘隔离措施防止相间短路和单相接地。

5.2　保留的带电部位

　　10kV××线××公用变压器低压线路全部带电。

5.3　其他安全措施和注意事项：

　　（1）工作时应有专人监护，与带电设备保持规定的安全距离；

　　（2）工作时，拆开的引线、断开的线头应采取绝缘包裹等遮蔽措施；

　　（3）现场校验时应认清设备接线标识，工作完毕接电后要进行检查核验，确保接线正确，接线时螺钉应紧固并充分接触；

　　（4）规范使用合格的梯子，并有人扶梯。

　　工作票签发人签名 周×× 　　　2023 年 02 月 21 日 11 时 00 分

　　工作负责人签名　 刘×× 　　　2023 年 02 月 21 日 11 时 30 分

6．工作许可

6.1　现场补充的安全措施

　　无。

6.2　确认本工作票安全措施正确完备，许可工作开始

许可方式 电话许可 许可工作时间 2023 年 02 月 21 日 14 时 30 分

工作许可人签名 余×× 　　工作负责人签名 刘××

7．现场交底，工作班成员确认工作负责人布置的工作任务、人员分工、安全措施和注意事项并签名

　　汪××

8．工作票终结

　　工作班现场所装设接地线共 无 组、个人保安线共＿＿＿＿组已全部拆除，工作班人员已全部撤离现场，工具、材料已清理完毕，杆塔、设备上已无遗留物。

工作负责人签名 刘×× 　　　工作许可人签名　余××

工作终结时间 <u>2023</u> 年 <u>02</u> 月 <u>21</u> 日 <u>14</u> 时 <u>50</u> 分

9. 备注
　　无。

第四节　智能用电类作业票

　　智能用电主要包括充换电站现场勘察、施工建设、运维巡视、检修消缺和应急抢修等现场工作。作业票主要涉及现场作业工作卡。

一、充换电站现场勘察作业票

　　充换电站现场勘察是指项目前期的现场探管和现场方案确定。探管过程中因涉及打开电缆井道盖板、人员进入有限空间、通管等工作，使用配电第二种工作票。前期工作勘察，确定充换电站现场方案，使用现场勘察记录单。

（一）应用场景

　　××汽车总站充电桩项目，土建面积约 985m²，新建 TXJ1316(C)-6 型电缆井 1 座；新建 ZXJ1316(C)-6 型电缆井 14 座；新建充电桩基础 77 座；新建配电房 1 座。配电系统有 8 台 1250kVA 变压器，总容量为 10000kVA；2 台 SAFE 高压柜（安装在开关站）；16 台 KYN28-12 高压柜（安装在高压配电房）；充电系统为一体式 120kW 直流充电桩（一机二枪）75 个，一体式 60kW 直流充电桩（一机一充）2 个。前期进行现场探管和勘察。

（二）卡（票）例 1-1

配电第二种工作票

单位：<u>××××××××××</u>（单位全称）　　　编号：<u>单位全称-班组全称-年-月-PII-编号</u>

1. 工作负责人：<u>张××</u>　　　　　　　　班组：<u>班组全称</u>

2. 工作班成员（不包括工作负责人）：<u>张××、王××、李××等</u>　　　　共 <u>6</u> 人

3. 工作任务：

工作地点或设备［注明变（配）电站、线路名称、设备双重名称及起止杆号]	工作内容
××开关站至××汽车总站开关站	管道疏通与探管

4. 计划工作时间：自 <u>2024</u> 年 <u>05</u> 月 <u>20</u> 日 <u>08</u> 时 <u>00</u> 分至 <u>2024</u> 年 <u>05</u> 月 <u>22</u> 日 <u>17</u> 时 <u>00</u> 分

5．工作条件和安全措施（必要时可附页绘图说明）

　（1）不停电；

　（2）做好工作现场安全维护工作；

　（3）工作负责人加强现场的安全监护，做到认真负责，监护到位；

　（4）老管沟电缆井降标高时老管沟电缆井内电缆均带电，做好运行电缆保护措施，不得伤及电缆；

　（5）电缆沟盖板开启后，应自然通风一段时间，经检测合格后方可下井工作，禁止只打开电缆井一只井盖（单眼井除外）；

　（6）使用梯子时，要有人扶持或绑牢；

　（7）在工作地点设置围栏，悬挂"在此工作"标识牌；

　（8）管道内原有电缆带电，疏通工作时应保护好原有电缆。

工作票签发人签名：　吕××　　2024 年 05 月 19 日 12 时 00 分

工作负责人签名：　张××　　2024 年 05 月 19 日 13 时 00 分

6．现场补充的安全措施

　（1）雨天施工，注意防滑；

　（2）施工占道，注意车辆，必要时派人指挥。

7．工作许可

许可的线路、设备	许可方式	工作许可人	工作负责人签名	许可工作（或开工）时间
××开关站至××汽车总站开关站	电话	谢××	张××	2024 年 05 月 20 日 09 时 00 分

8．现场交底，工作班成员确认工作负责人布置的工作任务、人员分工、安全措施和注意事项并签名：

　张××、王××、李××、沈××、凌××、蒋××

工作开始时间 2024 年 05 月 20 日 09 时 05 分　工作负责人签名　张××

9．工作票延期：有效期延长到 ＿＿＿＿年＿＿＿月＿＿＿日＿＿＿时＿＿＿分

工作负责人签名：＿＿＿＿＿　＿＿＿年＿＿＿月＿＿＿日＿＿＿时＿＿＿分

工作许可人签名：＿＿＿＿＿　＿＿＿年＿＿＿月＿＿＿日＿＿＿时＿＿＿分

10．工作完工时间 2024 年 05 月 22 日 15 时 35 分　　工作负责人签名　张××

11．工作终结

11.1　工作班人员已全部撤离现场，材料工具已清理完毕，杆塔、设备上已无遗留物。

11.2　工作终结报告

终结的线路或设备	报告方式	工作负责人签名	工作许可人	终结报告时间
××开关站至××汽车总站开关站	电话	谢××	张××	2024 年 05 月 22 日 15 时 50 分

12. 备注

12.1　指定专责监护人＿＿＿＿＿＿负责监护＿＿＿＿＿＿＿＿＿＿＿＿＿＿＿＿＿＿＿（地点及具体工作）

12.2　其他事项

　　无。＿＿

（三）卡（票）例 1-2

现场勘察记录

勘察单位：×××××××××（单位全称）　　　　　部门（或班组）：　班组全称

编号：　单位全称-班组全称-年-月-KC-编号　　　　　勘察负责人：　张×

勘察人员：　　谢×、张×

勘察的线路名称或设备双重名称（多回应注明双重称号及方位）：

　10KV××开关站　10kV××222 线

工作任务［工作地点（地段）和工作内容］：10kV××222 线　接入××汽车总站开关站

现场勘察内容：

（1）工作地点需要停电的范围：10kV××222 线

（2）保留的带电部位：10kV××开关站Ⅰ段××222 线相临间隔××221 线、××223 线间隔带电

（3）作业现场的条件、环境及其他危险点［应注明：交叉、邻近（同杆塔、并行）电力线路；多电源、自发电情况；地下管网沟道及其他影响施工作业的设施情况］

　　地下管网有带电电缆，应采取隔离挡板以防电缆擦伤

（4）应采取的安全措施（应注明：接地线、绝缘隔板、遮栏、围栏、标示牌等装设位置）

　10kV××开关站Ⅰ段××222 线改线路检修

　10kV××开关站Ⅰ段××222 线相临间隔××221 线、××223 线间隔带电，采取围栏隔离，并悬挂"止步高压危险"标示牌

　10kV××222 线间隔操作手把上放置"线路有人工作，严禁合闸"标示牌，在工作地点××222 线间隔放置"在此工作"标示牌

（5）附图与说明（略或见附图）

记录人：　张×＿＿＿＿＿　　　　　勘察日期：　2024 年 05 月 31 日 14 时

二、充换电站施工建设作业票

充换电站基建状态时使用配电安全施工作业票进行施工。现场高压停电作业时，选用配电第一种工作票，作业内容包括电缆头搭接。现场低压停电作业时，选用低压工作票进行施工，如低压电缆敷设、搭接等。

（一）应用场景

××公交充换电站，项目规模为纯电动公交一体式直流快充站，包含电动汽车直流快充站系统及其配电系统。配电系统方面，新建 2 台 800kVA 箱式变电站，电压等级为 10/0.4kV。充电系统方面，项目配置 120kW 直流一体式一机双枪充电桩 10 台，总功率 1200kW，安装在户外。新建充电区包括充电桩、车位、充电指引桩、限位桩、雨棚等，同时包括相关的土建沟道及设备的土建基础，涉及基建和高压停电作业。充电站运行一段时间后，需进行改造，涉及低压停电作业。

（二）卡（票）例 2-1

配电工程安全施工作业票

施工单位名称：××××　　　　　　　　编　号：<u>单位全称-班组全称-年-月-施-编号</u>

工 程 项 目	××工程（工程名称）	施工地点	××街道××路（××厂区）
施工项目部（班组）	<u>班组全称</u>	施工负责人	李××
施工起止时间	<u>2022</u>年<u>04</u>月<u>23</u>日至<u>2022</u>年<u>04</u>月<u>29</u>日（施工时间最长 7 天，自然月截止重开）		
施工内容（必要时附图）	充换电站基础施工——电缆敷设		

危险点辨识及控制措施	危险点	安 全 控 制 措 施	已落实（√）
	高空坠物	1. 进入工作现场，工作人员应戴好安全帽，系好帽带，着装规范。2. 工作中应集中注意力，互相督促，互相关心，互相照顾。	√
	物体打击	1. 作业人员应注意防止被地下障碍物绊倒；使用电缆刀勿刀口向人。2. 施工现场除必要的工作人员外，其他人员应远离杆高 1.2 倍以外。作业点下方设置围栏防止外来人员误入。	√

续表

安全注意事项	1. 正确佩戴安全帽等劳动防护用品。　（√）
	2. 特种作业人员或特种设备作业人员必须持证上岗。　（√）
	3. 现场所有作业人员必须经安全准入合格。　（√）
	4. 作业现场应装设遮栏，挂设"在此工作"标示牌。夜间施工必须有足够的照明，并设置红灯，加强巡视。　（√）
	5. 作业前应全面检查施工机具完好且在合格有效期内。　（√）
	6. 使用的电器设备、电动工具金属外壳应可靠接地，符合"一机一闸一保护"。　（√）
	7. 施工现场所用配电箱、开关箱应装设在干燥、通风及常温场所，箱底距离地面不应大于1.3m，小于1.5m，防止雨淋和受潮引起短路和漏电。　（√）
	8. 作业完成后，做到工完料净场地清。　（√）
	9. 敷设过程中必须保持通信畅通；敷设电缆必须有专人指挥，指挥信号明确，不得在无指挥信号时随意拉引。　（√）
	10. 电缆转角，施工人员应在外角侧，电缆通过孔洞、管子和楼板时，两侧必须有人配合，入口侧要防止电缆被卡及手被带入孔内，出口侧人员应避开正面，以防挤伤或刺伤；电缆拖动时，严禁在管口入口处用手拨动电缆.电缆在沟内展放时。　（√）
	11. 电缆敷设时，任何时候必须保证电缆的弯曲半径在允许范围之内。　（√）
	12. 敷设完毕及时做好电缆头防潮、防尘措施。电缆接头制作应通风良好、有足够照明、具有良好的防雨、防尘功能。在制作中及时做好电缆接头临时的防尘、防潮措施。　（√）

填写人：李××	签发人：许××	施工负责人：李××
（签名）（时间必须比计划施工时间提前一天，填写人、施工负责人为同一人，3个时间为同一天）	（签名）（时间必须比计划施工时间提前一天，签发人与填写人、施工负责人3个时间为同一天）	（签名）（时间必须比计划施工时间提前一天，填写人、施工负责人为同一人，3个时间为同一天）
04月22日	04月22日	04月22日

补充危险点及控制措施（因施工环境变化等需补充的内容）：

1. 施工中注意对周边环境的影响，控制扬尘，夜间避免高噪声的作业（无法避免，办理审批手续），重要节假日或高考、中考期间响应政府部门的施工指令。

2. 施工现场材料堆放整齐合理，尽量减少对周边的影响，张贴告示措施，做到工完净，场地清。

3. 绿化、人行道等的施工占用办理审批手续，现场做好疏导指示，夜间悬挂照明指示灯。

施工负责人签名：李××

施工负责人已在开工前，对该施工作业票进行宣读和交底［施工作业班成员签字详见班前（后）会记录］

施工负责人：李×× 　　04月23日08时30分

施工负责人变更栏：

经施工作业票签发人_____同意，原施工负责人现变更为_____并告知全体施工成员。

原工作负责人签名：_____现工作负责人签名：_____月____日____时____分

续表

工作间断	收工时间				施工负责人	开工时间				施工负责人
	月	日	时	分		月	日	时	分	
	04	23	16	30	李××	04	24	08	25	李××
	04	24	17	05	李××	04	25	08	20	李××
	04	25	17	10	李××	04	26	08	10	李××
	04	26	17	10	李××	04	27	08	10	李××
	04	27	17	05	李××	04	28	08	00	李××
	04	28	17	10	李××	04	29	08	00	李××

施工作业票终结：

施工作业票已于 __04__ 月 _29_ 日 _16_ 时 _30_ 分终结，　　　　　　施工负责人签名：李××

备注：点多面广、有触电危险及复杂工作现场需增设安全监护人，在备注栏注明并在班前（后）会记录人员分工中体现。

（三）卡（票）例2-2

配电第一种工作票

单位：×××××××（单位全称）　　　　　　　　编号：__单位全称-班组全称-年-月-PI-编号__

1. 工作负责人：　__凌×__　　　　　　　　　　班组：__班组全称__

2. 工作班成员（不包括工作负责人）：__赵×、钱×、李×等__　　共 _6_ 人。

3. 工作任务：

工作地点或设备［注明变（配）电站、线路名称、设备双重名称及起止杆号］	工作内容
10kV××开关站Ⅰ段××222线至××停车场开关站	电缆头搭接

4. 计划工作时间自 _2024_ 年 _06_ 月 _03_ 日 _09_ 时 _00_ 分至 _2024_ 年 _06_ 月 _03_ 日 _17_ 时 _00_ 分

5. 安全措施［应改为检修状态的线路、设备名称，应断开的断路器（开关）、隔离开关（刀闸）、熔断器，应合上的接地刀闸，应装设的接地线、绝缘隔板、遮栏（围栏）和标示牌等，装设的接地线应明确具体位置，必要时可附页绘图说明］

5.1 调控或运维人员［变（配）电站、发电厂］应采取的安全措施	已执行
10kV××开关站Ⅰ段××222线改线路检修	√
在工作区域内相邻及对侧带电间隔设置围栏并向外悬挂"止步，高压危险"标示牌	√
在工作地点放置"在此工作"标示牌	√

5.2 工作班完成的安全措施	已执行
确认××停电场开关站在基建状态，并设置围栏，派人看守	√

5.3 工作班装设（或拆除）的接地线

线路名称或设备双重名称和装设位置	接地线编号	装设时间	拆除时间

5.4 配合停电线路应采取的安全措施	已执行
无	

5.5 保留或邻近的带电线路、设备及安全措施

10kV××开关站Ⅰ段母线带电，严禁开启箱体。

5.6 其他安全措施和注意事项

10kV××开关站Ⅰ段间隔下方电缆沟内电缆为带电设备，应采取挡板隔离；

搭接前应核对相位正确。

工作票签发人签名：_____谢×_____ 2024 年 06 月 02 日 14 时 22 分

工作负责人签名：_____凌×_____ 2024 年 06 月 02 日 14 时 32 分收到工作票

5.7 其他安全措施和注意事项补充（由工作负责人或工作许可人填写）

无。

6. 工作许可

许可的线路或设备	许可方式	工作许可人	工作负责人签名	许可工作的时间
××开关站Ⅰ段 ××222 线间隔	当面	许××	凌×	2024 年 06 月 03 日 09 时 35 分

7. 工作任务单登记：

工作任务单编号	工作任务	小组负责人	工作许可时间	工作结束报告时间

8. 现场交底，工作班成员确认工作负责人布置的工作任务、人员分工、安全措施和注意事项并签名：

　　赵×、钱×、李×、周×、王×、朱×

9. 人员变更

9.1 工作负责人变动情况：原工作负责人＿＿＿＿＿＿＿离去，变更＿＿＿＿＿＿为工作负责人。

工作票签发人：＿＿＿＿＿＿　　＿＿＿＿年＿＿月＿＿日＿＿时＿＿分

原工作负责人签名确认：＿＿＿＿＿＿＿　　　　新工作负责人签名确认：＿＿＿＿＿＿＿＿＿＿＿＿＿＿

　　　　　　　　　　　＿＿＿＿＿年＿＿月＿＿日＿＿时＿＿＿分

9.2 工作人员变动情况

新增人员	姓名					
	变更时间					
离开人员	姓名					
	变更时间					

工作负责人签名＿＿＿＿＿＿＿＿

10. 工作票延期：有效期延长到＿＿＿＿＿年＿＿月＿＿日＿＿＿时＿＿＿分

工作负责人签名：＿＿＿＿＿＿　　＿＿＿＿年＿＿月＿＿日＿＿＿时＿＿＿分

工作许可人签名：＿＿＿＿＿＿　　＿＿＿＿年＿＿月＿＿日＿＿＿时＿＿＿分

11. 每日开工和收工记录（使用一天的工作票不必填写）

收工时间	工作负责人	工作许可人	开工时间	工作许可人	工作负责人
				—	—
				—	—

12. 工作终结

12.1 工作班现场所装设接地线共＿＿＿＿＿组、个人保安线共＿＿＿＿＿组已全部拆除，工作班人员已全部撤离现场，材料工具已清理完毕，杆塔、设备上已无遗留物。

12.2 工作终结报告

终结的线路或设备	报告方式	工作负责人	工作许可人	终结报告时间
××开关站Ⅰ段 ××222线间隔	当面	凌××	许××	2024 年 06 月 03 日 15 时 45 分
				年　月　日　时　分
				年　月　日　时　分

13. 备注

13.1 指定专责监护人＿＿＿＿＿＿负责监护＿＿＿＿＿＿＿＿＿＿＿＿＿＿＿＿＿＿＿＿（地点及具体工作）

13.2 其他事项

（四）卡（票）例 2-3

低压工作票

单位：＿×××××××（单位全称）＿　　　编号：＿单位全称-班组全称-年-月-DY-编号＿

1. 工作负责人：＿蒋×＿　　　　　　　　班组：＿班组全称＿

2. 工作班人员（不包括工作负责人）：

＿张×，胡×、高×＿　　　　　　　　　　　　　　　　　　　共 6 人。

3. 工作的线路名称或双重名称（多回路应注明双重称号及方位）、工作：

＿车站箱式变电站 1～14 号充电桩低压电缆敷设、搭接＿

4. 计划工作时间：自 2024 年 06 月 01 日 08 时 00 分至 2024 年 06 月 01 日 17 时 00 分

5. 安全措施（必要时可附页绘图说明）：

5.1 工作的条件和应采取的安全措施（停电、接地、隔离和装设的安全遮栏、围栏、标识牌等）

　　（1）拉开车站箱式变电站 1 号低压总断路器及隔离开关；

　　（2）在车站箱式变电站 1 号低压总断路器及隔离开关操作把手上悬挂禁止合闸，线路有人工作标示牌；

　　（3）在车站箱式变电站 1 号低压总断路器下方挂设接地线（接地线编号：　　）；

　　（4）在车站箱式变电站 1 号低压总断路器工作点设置围栏，并在工作地点放置在此工作标示牌

　　（5）确认 10～14 号充电桩处于基建状态。

5.2 保留带电部位

　　（1）车站箱式变电站 1 号（刀闸）上桩头带电，严禁触及。

　　（2）

5.3 其他安全措施和注意事项

　　（1）进入施工现场人员必须正确佩戴安全帽，穿绝缘鞋和全棉长袖工作服；

　　（2）工作前，必须对设备进行验电，检查低压出线侧是否有 ATS、UPS 或者其他倒送电的情况；

　　（3）作业过程中作业人员应穿戴绝缘手套及护目镜并使用绝缘垫；

　　（4）施工前和施工后必须要点清工具，严禁将工具遗漏在配电柜内，使用的工具应有绝缘柄，其外裸露的导电部位应采取绝缘包裹措施，禁止使用锉刀、金属尺和带有金属物的毛刷等工具；

　　（5）所有未接地或未采取绝缘遮蔽等可靠措施隔绝的低压设备和线路都视为带电，未经验明确无电压，禁止触碰导体的裸露部分；

（6）电缆及电容器接地前应逐相充分放电。

工作票签发人签名：　孙×　　　　2024 年 05 月 31 日 14 时 20 分

工作负责人签名：　蒋×　　　　2024 年 05 月 31 日 14 时 20 分

6．工作许可

6.1　现场补充安全措施

　无。

6.2　确认本工作票安全措施正确完备，许可工作开始

许可方式　　当面　　　许可工作时间 2024 年 06 月 01 日 08 时 22 分

工作许可人签名：　邱×　　　　工作负责人签名：　蒋×

7．现场交底，工作班成员确认工作负责人布置的工作任务、人员分工、安全措施和注意事项并签名

　张×，胡×、高× 、谢×、胡×、包×

8．工作终结

工作班现场所装设接地线共＿＿＿＿组、个人保安线共＿＿＿＿组已全部拆除，工作班人员已全部撤离现场，工具、材料已清理完毕，杆塔、设备上已无遗留物。

工作负责人签名：　蒋×　　　　工作许可人签名：　邱×

工作终结时间 2024 年 06 月 01 日 16 时 35 分

9．备注

　无。

三、充换电站运维巡视作业票

充换电站运行维护阶段，使用充电站运维巡视检查记录表。

（一）应用场景

××充换电站项目，共投运 80 个直流快充桩、20 个交流慢充桩，共计 100 桩，包括：120kW 单枪直流充电桩、120kW 双枪直流桩、7kW 交流充电桩。

（二）卡（票）例 3

充换电站运维巡视检查记录表

××单位—××班组—××编号

序号	检查项目		检查要求	检查结果
1	综合	雨棚	完好，无破损，固定件紧固	√
		场地	场地平整，标示标线齐全，安全防护设施完好	√
		照明	场地照明设备（施）正常，无破损，安装牢固	√
		卫生	场地、桩体卫生是否整洁、干净	√

续表

序号	检查项目		检查要求	检查结果
2	充电机柜	充电机柜	外壳完好无变形、整洁无锈蚀、柜门可正常开合、柜内模块等固定螺栓紧固，设备名牌完好	√
			计量配电柜外壳无变形、柜门可正常开合、柜内各部分设备固定螺栓紧固	√
			充电机柜及整流机柜可正常启动及运行，设备无过热、散热系统无积灰	√
			充电机及整流设备运行正常，指示正常，无故障	√
			充电桩内主、辅连接线路正常，接地线无断点，无损坏、无脱落、无异味	√
3	监控	视屏监控	摄像头应对准充电桩、充电车位和充电机等区域，设备处于正常状态	√
			本地视屏监控功能应正常，视频存储量应至少保存 3 个月的资料	√
4	消防	灭火器	检查消防器材是否按照消防要求进行配置，气压位于正常状态，无破损，处于有效期内	√
5	充电功能及外观	外观和柜体	外观整洁无锈蚀、无破损和变形，设备铭牌、充电使用说明和注意事项等牢固并完好，显示屏完好并可点亮，柜门可正常开合，柜内各部分设备固定螺栓紧固	√
		计费模块	显示屏可正常工作，可查看计费模型，即核对充电费用、站点定位、场地停车费用等信息与充电 App 对应相同	√
		状态指示	充电桩应为待机或工作（如正在充电）等正常状态，无故障或异常指示（无任何指示也属故障情况）	√
			充电桩充电过程中输出电压、电流状态是否正常	√
6	设备测温	充电枪	巡检时对充电使用中的设备进行测温，测试温度小于 45°	√
		桩体	巡检时对充电使用中的设备进行测温，测试温度小于 65°	√
		进线电缆铜排	巡检时对充电使用中的设备进行测温，测试温度小于 55°	√

注 1　巡视检查记录表需规范填写，检查要求内容正常在检查结果栏对应打"√"，如有故障需填写清楚故障类型及处理情况。

　　2　每日设备测温桩编号需在检查结果栏中填写，抽测桩切勿每日重复，需循环进行。

工作负责人：朱××　　　　　巡检记录人：孙××　　　　　日期：2024 年 4 月 25 日

四、充换电站检修消缺与应急抢修作业票

充电桩体检修消缺和应急抢修时，使用"现场作业工作卡"。

（一）应用场景

××充换电站项目，共投运 80 个直流快充桩、20 个交流慢充桩，共计 100 桩，包括：120kW 单枪直流充电桩、120kW 双枪直流桩、7kW 交流充电桩。

（二）卡（票）例 3-1

现场作业工作卡

单位：国网××供电公司客户服务中心 编号：××-××-××

工作负责人：张××	班组：运维班			
工作班成员：陈××		共　1　人		
计划工作时间	自 2022 年 05 月 10 日 09 时 00 分 至 2022 年 05 月 10 日 17 时 00 分			
用户名称	工作地点	工作指派人	派工时间	现场作业类型
××充换电站	××区××路	张××	08:35	综合能效
序号	工作现场风险点分析	注意事项及安全措施		逐项落实并打"√"
1	意外伤害	穿全棉长袖工作服和绝缘鞋，正确佩戴安全帽		√
2	误碰带电设备，造成人身触电	与带电设备保持规定的安全距离		√
3	人身触电	确认设备外壳可靠接地后方可触碰		√
4	夜间作业	应有充足照明		√
5	带电作业未带（戴）护目镜，造成电弧灼伤眼睛	带电作业必须带（戴）护目镜		√
6	临时电源不规范，造成人员触电伤害	临时电源线应由专用电源接入，加装漏电保护器，绝缘良好，线径和长度符合要求，电源线应可靠固定		√
7	走错工作间隔，造成人员触电伤害	计量现场作业，至少两人同时进行，一人操作，一人监护		√
8	打开金属计量箱体前未验电，若箱体漏电会造成作业人员触电伤害	开启金属表箱（柜）门前应先用合格的验电笔进行验电		√
9				
10				
工作负责人签名	张××			
工作许可人签名（供电公司）	陈××			
工作许可人签名（用户）	李××			

工作任务和现场安全措施已确认，工作班成员签名	陈××	

开工时间：2022 年 05 月 10 日 09 时 10 分

工作终结	工作负责人签名：张××	工作许可人签名：陈××

收工时间：2022 年 05 月 10 日 14 时 50 分

注 1　现场作业工作卡应按以下程序执行：工作负责人办票→工作派发人签字→履行现场安全措施→工作人员现场检查安全措施→工作许可（含用户许可）→开工→工作结束→存档备案。

2　一张现场作业工作卡宜执行同一类营销现场工作，工作负责人可根据增加不同工作地点。

3　本附录属通用模板，仅供参考，需要现场作业人员结合现场实际认真分析、列出现场实际存在的风险点，并对照填写注意事项及安全措施。

第五节　综 合 能 源 类 作 业 票

综合能源类工作主要包括新能源（屋顶光伏）建设、综合能效、多能服务、智能运维等现场工作。作业票主要涉及现场施工作业票和作业工作卡。

一、新能源（屋顶光伏）建设作业票

新能源（屋顶光伏）建设指新能源（屋顶光伏）吊装、支架安装、组件安装、逆变器和配电柜安装、电缆敷设、沟槽开挖与浇注、调试及试验等工作。此类现场作业一般采用安全施工作业票。

（一）应用场景

××项目利用混凝土屋顶建设光伏电站，混凝土屋顶面积约为 10000m^2，光伏电站装机容量 1020.6kW。本工程拟采用单晶硅电池组件，单块组件额定功率 450W，混凝土屋顶采用固定倾角安装。光伏电站推荐采用 0.4kV 并网，并网方式为"自发自用、余电上网"。由 3 个光伏发电子系统组成（单个子系统不大于 400kW），每个光伏发电子系统由若干个光伏发电单元组成；每个光伏发电单元由若干个光伏组件阵列和单台组串式逆变器组成。

（二）卡（票）例 1

配电工程安全施工作业票（吊装作业）

施工单位名称：××　　　　　　　　　　　　　　编号：单位全称-班组全称-年-月-施-编号

工程项目	××工程（工程名称）	施工地点	××街道××路（××厂区）
施工项目部（班组）	××光伏安装施工队	施工负责人	李××
施工起止时间	<u>2022</u> 年 <u>04</u> 月 <u>23</u> 日至 <u>2022</u> 年 <u>04</u> 月 <u>29</u> 日 （施工时间最长 7 天，自然月截止重开）		
施工内容（必要时附图）	工程名称——吊装作业		

续表

危险点	安全控制措施	已落实（√）
危险点辨识及控制措施		
起重吊装	1. 起重吊装作业前，应对起重机械进行常规性检查，作业人员持证上岗。 2. 起重作业前应做好起重设备、吊索具和其他起重工具质量检查，工作负荷应按技术交底要求选用，严禁以小代大，不准超过铭牌规定；起重作业应根据《起重吊运指挥信号》的要求进行联系，由专人统一指挥。 3. 起吊过程中，作业人员不得在牵引系统下方逗留。设备下方严禁站人。杆塔侧面应设专人监视，传递信号必须清晰。 4. 起吊重物应绑扎牢固，经检查确认无误，方可起吊，重物稍离地面，应停机复查，确认安全可靠后方可继续起吊。起吊时应保持垂直，严禁偏拉斜吊；被吊物未放稳或未固定之前不得摘钩。 5. 汽车吊应置于平坦、坚实的地面上，应全部伸出支腿，并在撑脚板下垫方木（严禁将腿支在电缆盖板上），机身倾斜度不得超过制造厂的规定。 6. 起重机起吊作业时，驾驶室内不得有人，重物不得超越驾驶室上方，且不得在车的前方起吊，吊物上不许站人，禁止作业人员利用吊钩来上升或下降。重物悬空未就位时，指挥人和司机不得离开工作岗位。 7. 汽车吊机邻近在带电区域工作时，应设专人监护，并应保持 10kV 不小于 3m、35kV 不小于 4m、110kV 不小于 5m、220kV 不小于 6m、500kV 不小于 8.5m 最小安全距离，严防接触带电体。车身应使用不小于 16mm² 软铜线并可靠接地	√
吊装、屋顶设备材料未正确堆放	1. 吊装太阳能电池组件，每次吊装的数量应不超过 10 块，且吊装放置点应选在有梁的部位，随吊随装。 2. 吊装前在瓦面大梁檩条处铺设木托板及玻璃钢栅栏板，确保吊装材料不直接接触瓦面，且增大瓦面受力面积。 3. 屋面材料及时分散，易受大风影响材料应吊装后及时在屋面上做好固定。 4. 需将材料吊卸至距离屋檐 3m 以上，防止材料掉落伤人。 5. 施工中必须严格控制建筑材料、模板、施工机械、机具或其他物料在屋面的堆放数量和重量，以避免产生过大的集中荷载，造成屋面断裂坍塌。 6. 设备堆放区和施工作业区设围栏，围栏内严禁吸烟，随时注意防火，并配备数量充足的合格灭火器。 7. 作业完成后，做到工完料净场地清	

填写人：李××	签发人：许××	施工负责人：李××
（签名）（时间必须比计划施工时间提前一天，填写人、施工负责人为同一人，3 个时间为同一天）	（签名）（时间必须比计划施工时间提前一天，签发人与填写人、施工负责人 3 个时间为同一天）	（签名）（时间必须比计划施工时间提前一天，填写人、施工负责人为同一人，3 个时间为同一天）
04 月 22 日	04 月 22 日	04 月 22 日

续表

补充危险点及控制措施（因施工环境变化等需补充的内容）：

1. 施工中注意对周边环境的影响，控制扬尘，夜间避免高噪声的作业（无法避免，办理审批手续），重要节假日或高考、中考期间响应政府部门的施工指令。

2. 施工现场材料堆放整齐合理，尽量减少对周边的影响，张贴告示措施，做到工完料净，场地清。

3. 绿化、人行道等的施工占用办理审批手续，现场做好疏导指示，夜间悬挂照明指示灯。

施工负责人签名：李××

施工负责人已在开工前，对该施工作业票进行宣读和交底［施工作业班成员签字详见班前（后）会记录］

施工负责人签名：李××   04 月 23 日 08 时 30 分

施工负责人变更栏：

经施工作业票签发人＿＿＿＿＿＿同意，原施工负责人现变更为＿＿＿＿＿＿并告知全体施工成员。

原工作负责人签名：＿＿＿＿现工作负责人签名：＿＿＿＿＿＿＿月＿＿＿日＿＿时＿＿＿＿分

工作间断	收工时间				施工负责人	开工时间				施工负责人
	月	日	时	分		月	日	时	分	
	04	23	16	30	李××	04	24	08	25	李××
	04	24	17	05	李××	04	25	08	20	李××
	04	25	17	10	李××	04	26	08	10	李××
	04	26	17	10	李××	04	27	08	10	李××
	04	27	17	05	李××	04	28	08	00	李××
	04	28	17	00	李××	04	29	08	35	李××

施工作业票终结：

施工作业票已于 04 月 29 日 16 时 30 分终结，   施工负责人签名：李××

备注：点多面广、有触电危险及复杂工作现场需增设安全监护人，在备注栏注明并在班前（后）会记录人员分工中体现。

（三）卡（票）例 2

配电工程安全施工作业票（光伏支架安装）

施工单位名称：××   编号：<u>单位全称-班组全称-年-月-施-编号</u>

工程项目	××工程（工程名称）	施工地点	××街道××路（××厂区）
施工项目部（班组）	××光伏安装施工队	施工负责人	李××

续表

施工起止时间	<u>2022</u> 年 <u>04</u> 月 <u>23</u> 日至 <u>2022</u> 年 <u>04</u> 月 <u>29</u> 日 （施工时间最长 7 天，自然月截止重开）		
施工内容 （必要时附图）	工程名称——设备安装-光伏支架安装		
	危险点	安全控制措施	已落实（√）
危险点辨识及控制措施	构架组立前未进行安全技术措施交底，作业人员不清楚自己所从事作业的危险和预防、控制措施	作业指导书和安全施工措施经审批后方可进行组装作业，所有参加作业人员必须参加安全技术措施交底，交底内容必须明确相应的危险点和预控措施，并履行签字程序，未参加交底签字人员不得参加施工作业。 堆放处要用进行围护	√
	电焊作业人员无证上岗，焊接设备存在安全缺陷，作业人员劳保用品穿戴不到位（触电火灾其他伤害）	1. 手持电动工具所有配电盘柜应装漏电保护器。 2. 焊接作业落实消防安全危险点预控相应措施。 3. 电焊作业人员执证上岗，正确穿戴劳保用品	√
	高处作业（高处坠落机械伤害）	1. 施工人员在彩钢瓦屋面行走或施工时，沿排水方向应踏于板谷，沿檩条方向应踏于檩条上，且须穿软质平底鞋，以免踩空坠落。 2. 屋面上搬运组件必须有木板铺设安全通道，禁止使用托盘代替，容易造成屋面损坏。 3. 作业人员必须携带工具袋，所用工具应装在工具袋内，传递物品用传递绳，不得抛扔，横梁上方及两端不许放置悬浮物品。 4. 使用登高梯子应遵守安全规程要求，登爬厂房固定直梯只允许单人通行。 5. 作业点设置围栏防止外来人员误入。 6. 作业人员应注意防止被地下障碍物绊倒	√
	找正调整不按程序作业（物体打击）	支架找正调整时不可用手直接插入孔洞找正,调整严禁子锤用力敲打	√

续表

安全注意事项	1. 正确佩戴安全帽等劳动防护用品。　　　　　　　　　　　　　　（√） 2. 特种作业人员或特种设备作业人员必须持证上岗。　　　　　　（√） 3. 现场所有作业人员必须经安全准入合格。　　　　　　　　　　（√） 4. 作业现场应装设遮栏，标示牌。夜间施工必须有足够的照明，并设置红灯，加强巡视。　　　　　　　　　　　　　　　　　　　　　　　　　　（√） 5. 作业前应全面检查施工机具完好且在合格有效期内。　　　　　（√） 6. 使用的电器设备、电动工具金属外壳应可靠接地，符合"一机一闸一保护"。 　　　　　　　　　　　　　　　　　　　　　　　　　　　　　（√） 7. 施工现场所用配电箱、开关箱应装设在干燥、通风及常温场所，箱底距离地面应不大于1.3m，小于1.5m，防止雨淋和受潮引起短路和漏电。　（√） 8. 在屋顶及其他危险的边沿工作，临空一面应装设安全网或防护栏杆，否则，作业人员应使用安全带。　　　　　　　　　　　　　　　　　　　　　（√） 9. 支架安装应符合下列要求：应在连接部件验收合格后安装支架；采用现浇混凝土基座时，应在混凝土的强度达到设计强度的70%以上后安装支架；支架安装过程不应破坏防腐涂层；支架安装过程不应气割扩孔，热镀锌钢构件，不宜现场切割、开孔。　　　　　　　　　　　　　　　　　　　　　　（√） 10. 现场宜采用机械连接的安装方式。当采用焊接工艺时，焊接工艺应符合下列要求：现场焊接应对影响范围内的型材和光伏组件采取保护措施；焊接完毕后应对焊缝质量进行检查；焊接表面应按设计要求进行防腐处理。　（√） 11. 作业完成后，做到工完料净场地清。

填写人：李×× （签名）（时间必须比计划施工时间提前一天，填写人、施工负责人为同一人，3个时间为同一天） 04月22日	签发人：许×× （签名）（时间必须比计划施工时间提前一天，签发人与填写人、施工负责人3个时间为同一天） 04月22日	施工负责人：李×× （签名）（时间必须比计划施工时间提前一天，填写人、施工负责人为同一人，3个时间为同一天） 04月22日

补充危险点及控制措施（因施工环境变化等需补充的内容）：

1. 施工中注意对周边环境的影响，控制扬尘，夜间避免高噪声的作业（无法避免，办理审批手续），重要节假日或高考、中考期间响应政府部门的施工指令。

2. 施工现场材料堆放整齐合理，尽量减少对周边的影响，张贴告示措施，做到工完料净，场地清。

3. 绿化、人行道等的施工占用办理审批手续，现场做好疏导指示，夜间悬挂照明指示灯。

施工负责人签名：李××

施工负责人已在开工前，对该施工作业票进行宣读和交底（施工作业班成员签字详见"班前（后）会记录"）

施工负责人签名：李××　　　04月23日08时30分

施工负责人变更栏：

经施工作业票签发人_____同意，原施工负责人现变更为_____并告知全体施工成员。

原工作负责人签名：_____　现工作负责人签名：___　_____月_____日_____时_____分

工作间断	收工时间				施工负责人	开工时间				施工负责人
	月	日	时	分		月	日	时	分	
	04	23	16	30	李××	04	24	8	25	李××
	04	24	17	05	李××	04	25	8	20	李××
	04	25	17	10	李××	04	26	8	10	李××
	04	26	17	10	李××	04	27	8	10	李××
	04	27	17	05	李××	04	28	8	00	李××
	04	28	17	10	李××	04	29	8	00	李××

施工作业票终结：

施工作业票已于 __04__ 月 _29_ 日 _16_ 时 _30_ 分终结　　　　　　施工负责人签名：李××

备注：点多面广、有触电危险及复杂工作现场需增设安全监护人，在备注栏注明并在班前（后）会记录人员分工中体现。

（四）卡（票）例 3

配电工程安全施工作业票（光伏组件安装）

施工单位名称：××　　　　　　　　　　　　　编号：__单位全称-班组全称-年-月-施-编号__

工程项目	××工程（工程名称）	施工地点	××街道××路（××厂区）
施工项目部（班组）	××光伏安装施工队	施工负责人	李××
施工起止时间	2022 年 04 月 23 日至 2022 年 04 月 29 日（施工时间最长 7 天，自然月截止重开）		
施工内容（必要时附图）	××工程××工作。（工程名称+工作内容）工程名称设备安装——光伏组件安装		

危险点辨识及控制措施	危险点	安全控制措施	已落实（√）
	在阳光下安装光伏组件，同时接触组件的正负极	1. 在阳光下安装光伏组件，应使用不透光的材料遮盖太阳能电池板，不要同时接触光伏组件的正负极。 2. 一个光伏组件的正负极串入光伏逆变器，所有接线点或连接处不得引入线缆，防止光伏组件发电后倒送电伤人。 3. 作业过程中正确佩戴安全防护用品，如绝缘手套、绝缘靴。 4. 加强安全教育和培训。 5. 施工作业满足气候条件要求	√
	在调试过程中带电设备防护措施不全		
	调试过程中误碰带电体		
	在气候不满足要求的情况下开展作业（触电）		

危险点辨识及控制措施	高处作业安全设施不完善,作业人员行为不规范,劳动安全防护用品使用不规范(高处坠落物体打击)	1. 进入施工现场必须正确穿戴好安全帽、安全带、防滑鞋等安全防护用具。 2. 工具和材料等应按照安全管理规定放置稳固,禁止高空抛物和高空落物。 3. 上下传递物件时要用绳传递,不得上下抛掷,传递小型工具时使用工具袋。 4. 施工人员在没有临边防护的高处作业,应按照规定设置生命线,且正确佩戴并系好安全带。 5. 高处作业平台、走道、斜道等应装设 1.2m 高的防护栏杆和 18cm 高挡脚板或设防护立网。 6. 高处作业使用的脚手架、梯子及安全防护网应符合相应的规定,在恶劣天气时应停止室外高处作业,高处作业必须系好安全带,安全带应挂在上方的牢固可靠处	√
	运输不当、极性反接等施工作业操作不当行为(组件故障)	1. 运输过程中应采取适当的防震措施。 2. 加强施工管理,避免造成极性反接的质量事故。 3. 严格按安全技术规范要求施工作业	√
安全注意事项	1. 正确佩戴安全帽等劳动防护用品。 (√) 2. 特种作业人员或特种设备作业人员必须持证上岗。 (√) 3. 作业开始时,应由两人将组件板抬于支架上,禁止单人挪用组件板,并按照图纸规划安放牢固。 (√) 4. 进行组件接线施工时,施工人员应正确使用安全防护用品,不得触碰金属带电部位。(√) 5. 对组串完成但不具备接引条件的部位,应进行绝缘包裹。 (√) 6. 当组件有电流或具有外部电源时,不得连接或断开组件。 (√) 7. 在潮湿或风力较大的情况下,禁止进行安装或操作光伏组件。 (√) 8. 在屋顶及其他危险的边沿工作,临空一面应装设安全网或防护栏杆,否则,作业人员应使用安全带。 (√) 9. 汇流箱安装前,应先对其内部各元件做绝缘测试。 (√) 10. 在安装汇流箱、交流并网配电柜时,除接线端子外,不得接触机箱内部的其他部分。(√)		

填写人:李×× (签名)(时间必须比计划施工时间提前一天,填写人、施工负责人为同一人,3 个时间为同一天)	签发人:许×× (签名)(时间必须比计划施工时间提前一天,签发人与填写人、施工负责人 3 个时间为同一天)	施工负责人:李×× (签名)(时间必须比计划施工时间提前一天,填写人、施工负责人为同一人,3 个时间为同一天)
04 月 22 日	04 月 22 日	04 月 22 日

补充危险点及控制措施(因施工环境变化等需补充的内容):

1. 施工中注意对周边环境的影响,控制扬尘,夜间避免高噪声的作业(无法避免,办理审批手续),重要节假日或高考、中考期间响应政府部门的施工指令。

2. 施工现场材料堆放整齐合理,尽量减少对周边的影响,张贴告示措施,做到工完料净,场地清。

3. 绿化、人行道等的施工占用办理审批手续,现场做好疏导指示,夜间悬挂照明指示灯。

施工负责人签名:李××

续表

施工负责人已在开工前，对该施工作业票进行宣读和交底［施工作业班成员签字详见班前（后）会记录］

施工负责人：李××　　04月23日08时30分

施工负责人变更栏：

经施工作业票签发人＿＿＿＿＿同意，原施工负责人现变更为＿＿＿＿＿并告知全体施工成员。

原工作负责人签名：＿＿＿　现工作负责人签名：＿＿＿　＿＿月＿＿日＿＿时＿＿分

工作间断	收工时间				施工负责人	开工时间				施工负责人
	月	日	时	分		月	日	时	分	
	04	23	16	30	李××	04	24	08	25	李××
	04	24	17	05	李××	04	25	08	20	李××
	04	25	17	10	李××	04	26	08	10	李××
	04	26	17	10	李××	04	27	08	10	李××
	04	27	17	05	李××	04	28	08	00	李××
	04	28	17	10	李××	04	29	08	00	李××

施工作业票终结：

施工作业票已于＿＿04＿＿月＿29＿日＿16＿时＿30＿分终结　　施工负责人签名：李××

备注：点多面广、有触电危险及复杂工作现场需增设安全监护人，在备注栏注明并在班前（后）会记录人员分工中体现。

（五）卡（票）例4

配电工程安全施工作业票（逆变器、配电柜安装）

施工单位名称：××　　　　　　　　　　　　编号：单位全称-班组全称-年-月-施-编号

工程项目	××工程（工程名称）	施工地点	××街道××路（××厂区）
施工项目部（班组）	××光伏安装施工队（）	施工负责人	李××
施工起止时间	2022年04月23日至2022年04月29日 （施工时间最长7天，自然月截止重开）		
施工内容（必要时附图）	工程名称设备安装——逆变器、配电柜安装		

危险点辨识及控制措施	危险点	安全控制措施	已落实（√）
	安装操作不当违规连通光伏组件电源，带电部位裸露，防护装置、设施缺陷	1．安装前对设备组件进行检查，确保防护装置完好。 2．所有接线点或连接处，应按要求进行连接和连接质量试验。 3．电气系统必须采取接地保护、过载保护、漏电保护、电气隔离、屏护措施等。 4．按规程正确使用电工安全工器具（绝缘用具、遮栏、警示牌等）	√

危险点辨识及控制措施	高处作业安全设施不完善，作业人员行为不规范，劳动安全防护用品使用不规范	1. 进入施工现场必须正确穿戴好安全帽、安全带、防滑鞋等安全防护用具。 2. 工具和材料等应按照安全管理规定放置稳固，禁止高空抛物和高空落物。 3. 上下传递物件时要用传递绳，不得上下抛掷，传递小型工具时使用工具袋。 4. 施工人员在没有临边防护的高处作业，应按照规定设置生命线，且正确佩戴并系好安全带。 5. 高处作业平台、走道、斜道等应装设 1.2m 高的防护栏杆和 18cm 高挡脚板或设防护立网。 6. 高处作业使用的脚手架、梯子及安全防护网应符合相应的规定，在恶劣天气时应停止室外高处作业，高处作业必须系好安全带，安全带应挂在上方的牢固可靠处	√
	设备倾倒、漏电、电焊引起的明火	1. 开关柜、屏就位前，作业人员应将就位点周围的孔洞用铁板或结实的木板盖严，避免作业人员摔伤。 2. 组立屏、柜或端子箱时，应保证有足够的作业人员，设专人指挥，作业人员必须服从指挥，统一行动，防止屏、柜倾倒伤人，钻孔时使用的电钻应检查是否漏电，电钻的电源线应采用便携式电源盘，并加装漏电保护器。 3. 开关柜、屏正时，作业人员不可将手、脚伸入柜底，避免挤压手脚。屏、柜顶部作业人员，应有防护措施，防止从屏柜上坠落。 4. 用电焊固定开关柜时，作业人员必须将电缆进口用铁板盖严，防止焊渣将电缆烫坏，应设专人进行监护。 5. 应在作业面附近配备消防器材	√
安全注意事项		1. 正确佩戴安全帽等劳动防护用品。　　　　　　　　　　　　　（√） 2. 特种作业人员或特种设备作业人员必须持证上岗。　　　　　（√） 3. 设备安装（调试）检查前，按施工方案清点检查所需的工器具是否齐全、完好，特别是起重器具和天气突变时的防雨设施。工具和消耗材料必须造册登记和专人管理，工作结束后，及时收回。　　　　　　　　　　　　　　　　　　　　　　　　　（√） 4. 安装配电设备过程中，如需在配电设备顶部工作时，上、下应使用绝缘梯，绝缘梯应固定牢靠。上、下工作前要彻底清扫油渍、雨水和冰雪，防止滑跌。　　　　　　　　　　　　　　　　　　　　　　　（√） 5. 设备堆放区和施工作业区设围栏，围栏内严禁吸烟，随时注意防火，并配备数量充足的合格灭火器。 6. 配电柜在安装地点拆箱后，应立即将箱板等杂物清理干净，以免阻塞通道或钉子扎伤人脚。　　　　　　　　　　　　　　　　　　　　　（√） 7. 配电柜撬动就位时人力应足够，指挥应统一；电缆沟、洞要铺设铁板，狭窄处应防止挤伤。　　　　　　　　　　　　　　　　　　　（√） 8. 配电柜在安装固定前，有防倾倒的安全措施。　　　　　　　（√） 9. 在墙上安装桥架及其他较重的设备时，应做好临时支撑，待确实固定好后方可拆除该支撑。　　　　　　　　　　　　　　　　　　（√）

填写人：李××	签发人：许××	施工负责人：李××
（签名）（时间必须比计划施工时间提前一天，填写人、施工负责人为同一人，3个时间为同一天）	（签名）（时间必须比计划施工时间提前一天，签发人与填写人、施工负责人3个时间为同一天）	（签名）（时间必须比计划施工时间提前一天，填写人、施工负责人为同一人，3个时间为同一天）
04月22日	04月22日	04月22日

补充危险点及控制措施（因施工环境变化等需补充的内容）：

1. 施工中注意对周边环境的影响，控制扬尘，夜间避免高噪声的作业（无法避免，办理审批手续），重要节假日或高考、中考期间响应政府部门的施工指令。

2. 施工现场材料堆放整齐合理，尽量减少对周边的影响，张贴告示措施，做到工完料净，场地清。

3. 绿化、人行道等的施工占用办理审批手续，现场做好疏导指示，夜间悬挂照明指示灯。

施工负责人签名：李××

施工负责人已在开工前，对该施工作业票进行宣读和交底［施工作业班成员签字详见"班前（后）会记录"］

施工负责人：李×× 　　　　　04月23日08时30分

施工负责人变更栏：

经施工作业票签发人_____同意，原施工负责人现变更为_____并告知全体施工成员。

原工作负责人签名：___ 现工作负责人签名：___ ____月____日____时____分

	收工时间			施工负责人	开工时间				施工负责人
	月	日	时	分		月	日	时	分	
工作间断	04	23	16	30	李××	04	24	08	25	李××
	04	24	17	05	李××	04	25	08	20	李××
	04	25	17	10	李××	04	26	08	10	李××
	04	26	17	10	李××	04	27	08	10	李××
	04	27	17	05	李××	04	28	08	00	李××
	04	28	17	10	李××	04	29	08	00	李××

施工作业票终结：

施工作业票已于__04__月_29_日_16_时_30_分终结，　　　施工负责人签名：李××

备注：点多面广、有触电危险及复杂工作现场需增设安全监护人，在备注栏注明并在班前（后）会记录人员分工中体现。

（六）卡（票）例5

配电工程安全施工作业票（电缆敷设）

施工单位名称：×× 　　　　　　　　　编号：单位全称-班组全称-年-月-施-编号

工程项目	××工程（工程名称）	施工地点	××街道××路（××厂区）
施工项目部（班组）	××光伏安装施工队	施工负责人	李××

续表

施工起止时间	2022 年 04 月 23 日至 2022 年 04 月 29 日 （施工时间最长 7 天，自然月截止重开）		
施工内容 （必要时附图）	工程名称电缆敷设		
危险点辨识及控制措施	危险点	安全控制措施	已落实（√）
	电缆展放作业时，造成挤、压或刀具伤人	1．电缆盘应设专人看守，滚动时，禁止用手制动。电缆移动时，禁止用手搬动滑轮，以防压伤。 2．电缆放线支架应有足够机械强度，且放置高度适中、稳固可靠，放线杆两端应保持水平，防止电缆展放时倾倒滚动伤人。牵引电缆时速度均匀，机械牵引时人员不得靠近钢丝绳，以防发生意外。 3．使用电缆刀削剥电缆时不要用力过猛，以防电缆线或刀具戳伤眼睛等	√
	敷设电缆时造成人员绊伤、摔伤、传动挤伤	1．敷设电缆时，应统一指挥，规定联络信号，并保证敷设通道畅通。电缆移动时，禁止用手搬动滑轮，以防压伤。电缆穿入保护管时，送电缆人的手与管口应保持一定距离。 2．电缆盘放线架固定在硬质平整的地面，放线轴杠两端应打好临时拉线，电缆应从电缆盘上方牵引，电缆盘设专人看守，滚动时禁止用手制动。 3．开启电缆井盖、电缆沟盖板及电缆隧道人孔盖时应注意站立位置，以免坠落，开启电缆井盖应使用专用工具。开启后应设置遮栏（围栏），并派专人看守。作业人员撤离后应立即恢复	√
	电缆头制作操作不规范导致物体打击或触电	1．制作中间接头时，接头坑边应留有通道，且不得放置工具、材料，传递物件注意递接递放。 2．电缆头制作用刀或其他工具时，禁止对着人体。 3．使用喷灯应先检查喷灯本体是否漏气或堵塞。 喷灯加油不得超过桶容积的 3/4。禁止在明火附近放气或加油，点火时先将喷嘴预热。使用时，喷嘴不准对着人体及设备，打气时不得超压。 4．携带型火炉或喷灯的火焰与带电部分距离：10kV 及以下不得小于 1.5m；10kV 以上不得小于 3m。 5．不得在带电导线、设备、变压器、油断路器附近，电缆夹层、隧道、沟洞内对火炉或喷灯加油点火	√
安全注意事项	1．电力电缆装、卸车时，要遵守起重吊装安全的有关规定，拆盘及附件开箱应小心谨慎，防止铁皮伤人及损坏电缆或附件，在安装前均应详细地对外观检查。 （√） 2．电缆敷设时，应选择坚硬平坦的地面支撑电缆轴，使用的丝杠千斤支架应转动灵活、坚固且安全可靠，能保证电缆轴架起落时端面垂直、卷筒水平。电缆轴保护板拆除后要集中保管，以免钉子扎伤人脚。 （√） 3．敷设过程中必须保持通信畅通；敷设电缆必须有专人指挥，指挥信号明确，不得在无指挥信号时随意拉引。 （√） 4．电缆拖动过程中应监视各电缆井内情况，防止带动、挤压其他电缆、通信光缆等。 （√） 5．电缆转角，施工人员应在外角侧，电缆通过孔洞、管子和楼板时，两侧必须有人配合，入口侧要防止电缆被卡及手被带入孔内，出口侧人员应避开正面，以防挤伤或刺伤；电缆拖动时，严禁在管口入口处用手拨动电缆。电缆在沟内展放时。 （√）		

| 安全注意事项 | 6. 电缆敷设时，任何时候必须保证电缆的弯曲半径在允许范围之内。 （√）

7. 敷设电缆时，临时打开的电缆井孔盖应设遮栏或标志，完工后及时封闭。 （√）

8. 敷设完毕及时做好电缆头防潮、防尘措施。电缆接头制作应通风良好、有足够照明、具有良好的防雨、防尘功能。在制作中及时做好电缆接头临时的防尘、防潮措施。 （√）

9. 电缆头作业时，使用喷灯或明火加热应有防火措施，易燃品、化学物品及油类应妥善保管并远离热源。液化气喷灯必须有配套的减压阀。 （√）

10. 压接钳使用防止手指伸入压模内。 （√）

11. 进行电缆绝缘试验时，应设专人监护，并通知相关作业班组撤离试验区域，并在电缆两端设安全围栏警示牌，实验前后均应进行充分对地放电。 （√）

12. 在道路附近或靠近居民区等有较多人流的区域施工时，电缆沟应设围栏，夜间应设警示灯（红色），施工人员应穿有反光材质的工作服。 （√）

13. 道路附近电缆施工期间应遵守《中华人民共和国道路交通安全法》的有关规定 （√）

14. 老旧电缆拆除，应核对电缆路径图、孔位图，必要是使用电缆识别设备进行识别标记，需将电缆开断的应在电缆识别后钉入可靠接地的铁钎方可锯断。 （√）

15. 按规范要求开展封堵作业，施工完成后及时封闭电缆出入口孔洞。 |

填写人：李××	签发人：许××	施工负责人：李××
（签名）（时间必须比计划施工时间提前一天，填写人、施工负责人为同一人，3 个时间为同一天）	（签名）（时间必须比计划施工时间提前一天，签发人与填写人、施工负责人 3 个时间为同一天）	（签名）（时间必须比计划施工时间提前一天，填写人、施工负责人为同一人，3 个时间为同一天）
04 月 22 日	04 月 22 日	04 月 22 日

补充危险点及控制措施（因施工环境变化等需补充的内容）：

1. 施工中注意对周边环境的影响，控制扬尘，夜间避免高噪声的作业（无法避免，办理审批手续），重要节假日或高考、中考期间响应政府部门的施工指令。

2. 施工现场材料堆放整齐合理，尽量减少对周边的影响，张贴告示措施，做到工完料净，场地清。

3. 绿化、人行道等的施工占用办理审批手续，现场做好疏导指示，夜间悬挂照明指示灯。

施工负责人签名：李××

施工负责人已在开工前，对该施工作业票进行宣读和交底［施工作业班成员签字详见"班前（后）会记录"］

施工负责人：李×× 04 月 23 日 08 时 30 分

施工负责人变更栏：

经施工作业票签发人_____同意，原施工负责人现变更为_____并告知全体施工成员。

原工作负责人签名：____现工作负责人签名：_____月____日____时____分

工作间断	收工时间				施工负责人	开工时间				施工负责人
	月	日	时	分		月	日	时	分	
	04	23	16	30	李××	04	24	08	25	李××
	04	24	17	05	李××	04	25	08	20	李××
	04	25	17	10	李××	04	26	08	10	李××

工作间断	收工时间				施工负责人	开工时间				施工负责人
	04	26	17	10	李××	04	27	08	10	李××
	04	27	17	05	李××	04	28	08	00	李××
	04	28	17	10	李××	04	29	08	00	李××

施工作业票终结：

施工作业票已于 ___04___ 月 _29_ 日 _16_ 时 _30_ 分终结　　　　　施工负责人签名：李××

备注：点多面广、有触电危险及复杂工作现场需增设安全监护人，在备注栏注明并在班前（后）会记录人员分工中体现。

（七）卡（票）例6

配电工程安全施工作业票（土建开挖、管沟浇注）

施工单位名称：××　　　　　　　　　　　　　编号：<u>单位全称-班组全称-年-月-施-编号</u>

工程项目	××工程（工程名称）	施工地点	××街道××路（××厂区）
施工项目部（班组）	××光伏安装施工队（）	施工负责人	李××
施工起止时间	<u>2022</u> 年 <u>04</u> 月 <u>23</u> 日至 <u>2022</u> 年 <u>04</u> 月 <u>29</u> 日 （施工时间最长7天，自然月截止重开）		
施工内容（必要时附图）	××工程××工作。（工程名称+工作内容） 工程名称——土建开挖、管沟浇注		

	危险点	安全控制措施	已落实（√）
危险点辨识及控制措施	土建开挖、浇注（塌方、外破）	1. 挖坑前，应与有关地下管道、电缆等地下设施的主管单位取得联系，明确地下设施的确切位置，做好防护措施。组织外来人员施工时，应将安全注意事项交代清楚，并加强监护。 2. 挖坑沟时，挖出的泥土应堆放在坑沟边1m以外，及时清除坑沟口附近浮土、石块，向坑外抛掷土石应防止土石回落坑内。 3. 开挖坑（槽）、沟深度超过1.5m时，应根据土质情况，按规定放坡或进行支撑，并设置人员上下专用坡道或爬梯；开挖深度超过2m时，必须按规定在基坑边沿设置防护栏杆；深基坑开挖应有专人进行监护，作业人员不得在坑内休息。 4. 土质松软处挖坑沟，应有防止塌方措施，如加挡板、撑木等。不得站在挡板、撑木上传递土石或放置传土工具。禁止由下部掏挖土层。 5. 雨季施工时应做好防水排水措施，坑沟内不得有严重积水。 6. 挖掘机开挖时遵守下列规定： （1）应注意周围的障碍物，并与电力架空线保持足够安全距离； （2）工作范围内，严禁任何人停留或通过，严禁人员进入斗内； （3）不得利用挖斗递送物件； （4）暂停作业时，应将挖斗放到地面； （5）挖掘机操作人员应经培训合格后方能上岗	√

续表

危险点辨识及控制措施	夜间施工（高处坠落物体打击其他伤害）	工作场所的照明，应该保证足够的亮度，夜间作业应有充足的照明。现场的临时照明线路应相对固定，并经常检查、维修。照明灯具的悬挂高度不应低于 2.5m，并严禁任意挪动；低于 2.5m 时应设保护罩	√
安全注意事项		1. 正确佩戴安全帽等劳动防护用品。 （√） 2. 特种作业人员或特种设备作业人员必须持证上岗。 （√） 3. 现场所有作业人员必须经安全准入合格。 （√） 4. 作业现场应装设遮栏，夜间施工必须有足够的照明，并设置红灯，加强巡视。 （√） 5. 作业前应全面检查施工机具完好且在合格有效期内。 （√） 6. 使用的电器设备、电动工具金属外壳应可靠接地，符合"一机一闸一保护"。 （√） 7. 施工现场所用配电箱、开关箱应装设在干燥、通风及常温场所，箱底距离地面不应大于 1.3m，小于 1.5m，防止雨淋和受潮引起短路和漏电。 （√） 8. 模板支撑应牢固，并应对称布置；高出坑口的加高立柱模板应有防止倾覆的措施。拆除模板应自上而下进行；拆下的模板应集中堆放；木膜板外露的铁钉应及时拔掉或打弯。（√） 9. 人工搅拌混凝土的平台应搭设稳固、可靠。人工浇筑混凝土应遵守下列规定：（1）坑口边缘 0.8m 以内不得堆放材料和工具。（2）捣固人员不得在模板或撑木上走动。 （√） 10. 搅拌机应设置在平整坚实的地基上。装设好后应由前后支架承力，不得以轮胎代替支架。搅拌机在运转时，严禁将工具深入滚筒内扒料，加料斗升起时，料斗下方不得有人。（√） 11. 用手推车运送混凝土时，倒料平台口应设挡车措施；倒料时严禁撒把。 （√） 12. 基础养护人员不得在模板支撑上或在易塌落的坑边走动。 （√） 13. 使用过氯乙烯塑料薄膜养护基础时，应有防火、防毒措施。 （√） 14. 作业完成后，做到工完料净场地清。 （√）	

填写人：李××	签发人：许××	施工负责人：李××
（签名）（时间必须比计划施工时间提前一天，填写人、施工负责人为同一人，3 个时间为同一天）	（签名）（时间必须比计划施工时间提前一天，签发人与填写人、施工负责人 3 个时间为同一天）	（签名）（时间必须比计划施工时间提前一天，填写人、施工负责人为同一人，3 个时间为同一天）
04 月 22 日	04 月 22 日	04 月 22 日

补充危险点及控制措施（因施工环境变化等需补充的内容）：

1. 施工中注意对周边环境的影响，控制扬尘，夜间避免高噪声的作业（无法避免，办理审批手续），重要节假日或高考、中考期间响应政府部门的施工指令。

2. 施工现场材料堆放整齐合理，尽量减少对周边的影响，张贴告示措施，做到工完料净，场地清。

3. 绿化、人行道等的施工占用办理审批手续，现场做好疏导指示，夜间悬挂照明指示灯。

施工负责人签名：李××

施工负责人已在开工前，对该施工作业票进行宣读和交底［施工作业班成员签字详见班前（后）会记录］

李××   04 月 23 日 08 时 30 分

施工负责人变更栏：

经施工作业票签发人＿＿＿＿＿＿＿＿同意，原施工负责人现变更为＿＿＿＿＿＿＿＿并告知全体施工成员。

原工作负责人签名：＿＿＿　现工作负责人签名：＿＿＿　＿＿＿月＿＿＿日＿＿＿＿时＿＿＿＿分

工作间断	收工时间				施工负责人	开工时间				施工负责人
	月	日	时	分		月	日	时	分	
	04	23	16	30	李××	04	24	08	25	李××
	04	24	17	05	李××	04	25	08	20	李××
	04	25	17	10	李××	04	26	08	10	李××
	04	26	17	10	李××	04	27	08	10	李××
	04	27	17	05	李××	04	28	08	00	李××
	04	28	17	10	李××	04	29	08	00	李××

施工作业票终结：

施工作业票已于＿＿＿04＿＿＿月_29_日_16_时_30_分终结　　　　　施工负责人签名：李××

备注：点多面广、有触电危险及复杂工作现场需增设安全监护人，在备注栏注明并在班前（后）会记录人员分工中体现。

（八）卡（票）例 7

配电工程安全施工作业票（光伏调试、试验）

施工单位名称：××　　　　　　　　　　　　编号：单位全称-班组全称-年-月-施-编号

工程项目	××工程（工程名称）	施工地点	××街道××路（××厂区）
施工项目部（班组）	××光伏安装施工队	施工负责人	李××
施工起止时间	2022 年 04 月 23 日至 2021 年 04 月 29 日（施工时间最长 7 天，自然月截止重开）		
施工内容	工程名称调试、试验工作		

危险点辨识及控制措施	危险点	安全控制措施	已落实（√）
	触电（临近带电设备）	1. 工作前必须开展现场勘察。现场勘察应明确施工作业停电范围、联络电源、分布式电源等危险点。 2. 作业时，保证仪器、操作箱与高压部分之间的安全距离符合相应的试验规程要求，即：10kV，≥0.7m；35kV，≥1.0m；110kV，≥1.5m。 3. 试验时试验仪器外壳必须可靠接地，试验仪器与设备的接线应牢固可靠，试验人员应站在绝缘垫上操作。 4. 被试验设备围栏设置正确完整，在带电设备附近挂接高压引线前必须核对命名，挂接时有专人监护。 5. 检查调压器零位位置、仪表的开始状态以及表计倍率均正确无误。	√

危险点辨识及控制措施	触电（临近带电设备）	6. 试验时，必须做好封闭围栏，升压时试验人员注意力高度集中，做好监护工作，防止其他人员突然窜入和其他异常情况发生。 7. 试验人员升压时必须高声呼唱，升压前核对仪表量程及等级和零位。 8. 对大容量设备高压试验后应使用专用放电棒放电	
	启动试验检查时未开工作票走错仓位	严格执行工作票安全管理制度和安全监护制度	√
安全注意事项		1. 试验必须要两人以上进行，应由有经验的人员担任负责人，并有专人监护。（√） 2. 正确使用试验装置，试验装置外壳可靠接地；严禁 TTA 开路、TVT 短路；避免造成直流回路短路或接地。（√） 3. 试验电源箱（盘）应带漏电保安器，并确保工作正常；接、拆试验电源时，必须断开电源侧开关并经第二人检查无误后方可进行。（√） 4. 绝缘测试时应通知有关人员暂时停止在回路上的一切工作，断开直流电源，拆开回路接地点，拔出相关插件，绝缘测试结束后应立即放电，恢复接线。（√） 5. 拆、搭线头时要使用绝缘工具并站在绝缘垫上，逐个包好或剥去绝缘胶布，防止误碰；拆（接）试验线时，必须把电流、电压降至零位，停止试验电源输出后方可进行；试验电源箱（盘）应带漏电保安器，并确保工作正常；接、拆试验电源时，必须断开电源侧开关并经第二人检查无误后方可进行。（√） 6. 在进行夹件等部位绝缘试验时，应通知其他工作人员停止工作，试验结束应对地放电。（√） 7. 电流互感器和电压互感器的二次绕组应有一点且仅有一点永久性的、可靠的保护接地。（√） 8. 二次回路通电或耐压试验前，应通知运维人员和其他相关人员，并派专人到现场看守，检查二次回路及一次设备上确无人工作后，方可加压。（√） 全部工作完毕，拆除所有试验接线（应先拆开电源侧）	

填写人：李×× （签名）（时间必须比计划施工时间提前一天，填写人、施工负责人为同一人，3 个时间为同一天） 04 月 22 日	签发人：许×× （签名）（时间必须比计划施工时间提前一天，签发人与填写人、施工负责人 3 个时间为同一天） 04 月 22 日	施工负责人：李×× （签名）（时间必须比计划施工时间提前一天，填写人、施工负责人为同一人，3 个时间为同一天） 04 月 22 日

补充危险点及控制措施（因施工环境变化等需补充的内容）：

1. 施工中注意对周边环境的影响，控制扬尘，夜间避免高噪声的作业（无法避免，办理审批手续），重要节假日或高考、中考期间响应政府部门的施工指令。

2. 施工现场材料堆放整齐合理，尽量减少对周边的影响，张贴告示措施，做到工完料净，场地清。

3. 绿化、人行道等的施工占用办理审批手续，现场做好疏导指示，夜间悬挂照明指示灯。

施工负责人签名：李××

施工负责人已在开工前，对该施工作业票进行宣读和交底［施工作业班成员签字详见班前（后）会记录］

施工负责人：李×× 　　　　04 月 23 日 08 时 30 分

施工负责人变更栏：

经施工作业票签发人_____同意，原施工负责人现变更为_____并告知全体施工成员。

原工作负责人签名：_____　　现工作负责人签名：_____月_____日_____时_____分

工作间断	收工时间				施工负责人	开工时间				施工负责人
	月	日	时	分		月	日	时	分	
	04	23	16	30	李××	04	24	08	25	李××
	04	24	17	05	李××	04	25	08	20	李××
	04	25	17	10	李××	04	26	08	10	李××
	04	26	17	10	李××	04	27	08	10	李××
	04	27	17	05	李××	04	28	08	00	李××
	04	28	17	10	李××	04	29	08	00	李××

施工作业票终结：

施工作业票已于__04__月_29_日_16_时_30_分终结　　　　　　施工负责人签名：李××

备注：点多面广、有触电危险及复杂工作现场需增设安全监护人，在备注栏注明并在班前（后）会记录人员分工中体现。

二、能效服务作业票

能效服务指综合能效、多能服务、智能运维等现场工作。此类现场作业一般采用现场作业工作卡。

（一）应用场景

××商业综合体综合能源项目。光伏方面，屋顶装机总容量为 327.68kWp。充电桩方面，建有 10 个电动汽车快速充电车位，满足用户的充电需求，提升商业综合体的服务多样性。分布式储能方面，利用光伏发电时多余的电量给储能站充电，在用电高峰及配电设备故障时满足临时用电需求。能源管理方面，基于电管家数据分析平台，结合水电气光储充基础数据采集分析，在电力设施可视化、远程监控的基础上建设智慧楼宇能效提升，打造绿色能源生态圈，实现能源综合利用率提升板块，多能源供给配送政策，来解决电力及能源设施运维及综合能源的问题。

（二）卡（票）例 1

现场作业工作卡

单位：国网××供电公司客户服务中心　　　　　　　　　　编号：××-××-××

工作负责人：张××	班组：营业班
工作班成员：陈××	共　1　人
计划工作时间	自 2022 年 5 月 10 日 09 时 00 分 至 2023 年 05 月 10 日 17 时 00 分

续表

用户名称	工作地点	工作指派人	派工时间	现场作业类型
××商业广场	临平区迎宾路	张××	08:35	综合能效

序号	工作现场风险点分析	注意事项及安全措施	逐项落实并打"√"
1	意外伤害	穿全棉长袖工作服和绝缘鞋，正确佩戴安全帽	√
2	误碰带电设备，造成人身触电	与带电设备保持规定的安全距离	√
3	人身触电	确认设备外壳可靠接地后方可触碰	√
4	高处作业跌落摔伤	登高使用梯子时，梯子与地面的角度为60°左右，并有可靠的防滑措施，在梯子上的站立位置不超过梯子限高标志	√
5	高处坠物	登高作业应系好安全带，禁止将工器具及材料上下投掷，应用绳索拴牢传递	√
6			

工作负责人签名	张××
工作许可人签名（供电公司）	陈××
工作许可人签名（用户）	李××
工作任务和现场安全措施已确认，工作班成员签名	陈××

开工时间：2022 年 05 月 10 日 09 时 10 分

工作终结	工作负责人签名：张××	工作许可人签名：陈××

收工时间：2022 年 05 月 10 日 14 时 50 分

注　1　现场作业工作卡应按以下程序执行：工作负责人办票→工作派发人签字→履行现场安全措施→工作人员现场检查安全措施→工作许可（含用户许可）→开工→工作结束→存档备案。

　　　2　一张现场作业工作卡宜执行同一类营销现场工作，工作负责人可根据增加不同工作地点。

　　　3　本附录属通用模板，仅供参考，需要现场作业人员结合现场实际认真分析、列出现场实际存在的风险点，并对照填写注意事项及安全措施。

第六节　电能替代类作业票

电能替代的推广，对于缓解大气污染，推动工业与农业的持续发展起到了重要作用。当前各地区实施电能替代主要集中在电采暖、电锅炉、港口岸电等领域。按主要营销现场作业类型与风险等级对应关系，电能替代业务对应风险等级为四级或五级，宜采用现场作业工作卡。

一、电制冷及采暖

电制冷及采暖项目的电能替代作业主要涉及起重吊装、土方开挖、高处作业、临电作业、焊接作业等项目工序。作业风险等级为四级，涉及其他工序的作业风险等级一般为五级，宜采用现场作业工作卡。

（一）应用场景

浙江××国际大酒店煤锅炉改造项目，该用户采用燃煤锅炉，主要供应整个酒店的热水系统及中央空调，两个煤锅炉功率为700kW，将煤锅炉改造成空气源热泵供热，采用6台JNK-980/G-B型工程机组，机组总输入功率为63kW供热水，18台JNK-2000/G-B型工程机组，机组总输入功率为432kW供中央空调。以现场勘察和机组安装工作分别进行开票示例。

（二）卡（票）例1

现场作业工作卡

单位：国网××供电公司客户服务中心　　　　　　　　编号：××-××-××

工作负责人：张××		班组：营业班		
工作班成员：陈××			共　2　人	
计划工作时间		自2023年11月07日09时00分 至2023年11月07日11时00分		
用户名称	工作地点	工作指派人	派工时间	现场作业类型
××国际大酒店	××	张××	08:40	煤锅炉改造项目现场勘察
序号	工作现场风险点分析	注意事项及安全措施		逐项落实并打"√"
1	意外伤害	穿全棉长袖工作服和绝缘鞋，正确佩戴安全帽		√
2	误碰带电设备，造成人身触电	与带电设备保持规定的安全距离		√

续表

序号	工作现场风险点分析	注意事项及安全措施	逐项落实并打"√"
3	锅炉烟尘中毒、蒸汽烫伤	避免直接接触炉膛/窑体、烟道内的烟尘、主蒸汽管道、窑炉出口成品（或半成品），防止中毒和烫伤	√
4	锅筒、窑炉相关设备有明显变形、鼓包、泄漏等异常状态，存在意外伤害风险	应检查设备状态，压力容器正常后，在熟悉现场环境且有特种设备运维检修相关资质的人员陪同下进入现场	√

工作负责人签名	张××		
工作许可人签名（供电公司）	王××		
工作许可人签名（用户）	赵××		
工作任务和现场安全措施已确认，工作班成员签名	陈××		

开工时间：2023 年 11 月 07 日 09 时 10 分

工作终结	工作负责人签名	工作许可人签名
	张××	陈××

收工时间：2022 年 11 月 07 日 10 时 50 分

注 1 现场作业工作卡应按以下程序执行：工作负责人办票→工作派发人签字→履行现场安全措施→工作人员现场检查安全措施→工作许可（含用户许可）→开工→工作结束→存档备案。

2 一张现场作业工作卡宜执行同一类营销现场工作，工作负责人可根据增加不同工作地点。

3 本附录属通用模板，仅供参考，需要现场作业人员结合现场实际认真分析、列出现场实际存在的风险点，并对照填写注意事项及安全措施。

（三）卡（票）例2

现场作业工作卡

单位：国网××供电公司客户服务中心　　　　　　　　　　　　　编号：××-××-××

工作负责人：张××	班组：营业班		

工作班成员：陈××、王××、李××、黄××、郑××			共 5 人	

计划工作时间	自 2023 年 11 月 10 日 09 时 00 分 至 2023 年 11 月 10 日 17 时 00 分			

用户名称	工作地点	工作指派人	派工时间	现场作业类型
××国际大酒店	××	张××	08:35	空气源热泵机组安装

续表

序号	工作现场风险点分析	注意事项及安全措施	逐项落实并打"√"
1	意外伤害	穿全棉长袖工作服和绝缘鞋，正确佩戴安全帽	√
2	机组安装起吊工作不当，导致设备损坏人员受伤	起重作业须设专人指挥，严格按照安规要求进行作业。禁止无关人员在起重臂旋转半径区域内行走、逗留	√
3	管道、支架安装过程中，临时用电设施设置不当，易发生触电事故	作业过程中必须安全使用临时电源，应从指定电源处取电	√
4	空调、管道安装过程中，高处作业，易发生高坠事故	作业前，检查安全带等工器具是否在检验合格周期内，正确使用安全工器具，安全监护人员到岗到位，作业环境严格按照安规要求执行	√
5	设备调试过程中，误触带电设备，导致触电事故	配电柜送电前，检查柜内接线正确，各分支开关处于分闸状态，送电后测量电压正常，零线和接地线无电压	√

工作负责人签名	张××
工作许可人签名（供电公司）	陈××
工作许可人签名（用户）	赵××
工作任务和现场安全措施已确认，工作班成员签名	陈××、王××、李××、黄××、郑××

开工时间：2023 年 11 月 10 日 09 时 10 分

工作终结	工作负责人签名	工作许可人签名
	张××	陈××

收工时间：2023 年 11 月 10 日 15 时 50 分

二、电锅炉

电锅炉较传统燃煤锅炉而言，有无污染、无噪声、热效率高、运行安全可靠、占地面积小等方面优势，电锅炉改造项目主要涉及锅炉及配套设备安装等作业内容，作业风险等级为四级宜采用现场作业工作卡。

（一）应用场景

浙江××汽配工厂煤锅炉改造项目，该汽配厂 1 台燃煤蒸汽锅炉拆除，用智能化电蒸汽锅炉代替，以电锅炉安装为例进行开票示例。

（二）卡（票）例1

现场作业工作卡

单位：国网××供电公司客户服务中心　　　　　　　　　编号：××-××-××

工作负责人：张××	班组：营业班

工作班成员：陈××、王××、李××、黄××、郑×× 等	共 10 人

计划工作时间	自 2023 年 11 月 12 日 09 时 00 分 至 2023 年 11 月 12 日 17 时 00 分

用户名称	工作地点	工作指派人	派工时间	现场作业类型
×× 汽配工厂	××	张××	8:35	电锅炉安装

序号	工作现场风险点分析	注意事项及安全措施	逐项落实并打"√"
1	意外伤害	穿全棉长袖工作服和绝缘鞋，正确佩戴安全帽	√
2	管道、支架安装过程中，临时用电设施设置不当，易发生触电事故	作业过程中必须安全使用临时电源，应从指定电源处取电	√
3	水平管管沟开挖不当导致管线、设备损坏，人员受伤	明确地下管线设施确切位置，严格按照坑洞开挖要求进行施工并做好警示	√
4	机组安装起吊工作不当，导致设备损坏人员受伤	起重作业须设专人指挥，严格按照安规❶要求进行作业。禁止无关人员在起重臂旋转半径区域内行走、逗留	√
5	设备调试过程中，误触带电设备，导致触电事故	配电柜送电前，检查柜内接线正确，各分支开关处于分闸状态，送电后测量电压正常，零线和接地线无电压	√

工作负责人签名	张××
工作许可人签名（供电公司）	陈××
工作许可人签名（用户）	赵××
工作任务和现场安全措施已确认，工作班成员签名	陈××、王××、李××、黄××、郑××

开工时间：2023 年 11 月 12 日 09 时 10 分

工作终结	工作负责人签名	工作许可人签名
	张××	陈××

收工时间：2023 年 11 月 12 日 16 时 50 分

---

❶ 此处安规指《国家电网有限公司电力安全工作规程　第 8 部分：配电部分》（Q/GDW 10799.8—2023）。

三、港口岸电

港口岸电是采用陆地电源为停靠在码头的船舶提供临时供电服务的一种技术，岸电技术可以提高能源利用效率，减少船舶靠港期间污染物排放量。港口岸电电能替代作业主要涉及码头沿岸供电装置改造和船舶接电装置改造两个部分，包括岸电桩基础设施建设、系统调试等项目工序，作业风险等级为四级，宜采用现场作业工作卡。

（一）应用场景

浙江××港口船舶低压岸电电能替代项目，项目分为岸电装置改造和船舶接电改造两个部分。船舶接电方式采用"先断电再通电"，涉及作业内容主要包括岸电箱建设、船舶接电改造等，宜采用现场作业工作卡。

（二）卡（票）例1

现场作业工作卡

单位：国网××供电公司客户服务中心　　　　　　　　　　　编号：××-××-××

工作负责人：张××		班组：营业班		
工作班成员：陈××、王××、李××、黄××、郑××等				共　9　人
计划工作时间		自 2023 年 11 月 11 日 09 时 00 分 至 2023 年 11 月 11 日 17 时 00 分		
用户名称	工作地点	工作指派人	派工时间	现场作业类型
×× 港口公司	××	张××	08:35	岸电箱建设、船舶接电改造
序号	工作现场风险点分析	注意事项及安全措施		逐项落实并打"√"
1	意外伤害	穿全棉长袖工作服和绝缘鞋，正确佩戴安全帽		√
2	岸边、船舶上作业易发生踏空坠海风险	应穿戴救生衣及防滑鞋，不得单人进行临水工作。工作过程中，不准跨越船档，上岸、下船时应注意周围环境，防止踏空等意外情况发生		√
3	高处作业跌落摔伤	登高使用梯子时，梯子与地面的角度为60°左右，并有可靠的防滑措施，在梯子上的站立位置不超过梯子限高标志		√
4	高处坠物	登高作业应系好安全带，禁止将工器具及材料上下投掷，应用绳索拴牢传递		√

序号	工作现场风险点分析	注意事项及安全措施	逐项落实并打"√"
5	设备调试过程中，误触带电设备，导致触电事故	岸电箱送电前，检查柜内接线正确，各分支开关处于分闸状态，送电后测量电压正常，零线和接地线无电压	√
6	接电过程中存在带电插拔操作，易引起人身触电危险	加强对运维人员及用户用电安全操作的培训，在岸电设施上张贴安全操作流程图	√

工作负责人签名	张××
工作许可人签名（供电公司）	陈××
工作许可人签名（用户）	赵××
工作任务和现场安全措施已确认，工作班成员签名	陈××、王××、李××、黄××、郑××等 9 人签名

开工时间：2023 年 11 月 11 日 09 时 10 分

工作终结	工作负责人签名	工作许可人签名
	张××	陈××

收工时间：2023 年 11 月 11 日 16 时 30 分

第四章
电力营销作业票的管理考核要求

电力营销作业票的管理与考核工作是工作票制度的有效执行的重要保障，对规范营销现场作业行为，更好地实现作业环节的管理控制，防范作业人员违章行为，保障作业过程中的人身、设备、电网安全有着重要的作用。本章节依据国家有关法律法规、技术标准和公司制度标准，依据《国家电网有限公司电力安全工作规程　第 8 部分：配电部分》（Q/GDW 10799.8—2023）（简称《配电安规》）、《国家电网有限公司营销现场作业安全工作规程》（试行）（简称《营销安规》）、《国网浙江省电力有限公司配电（营销）工作票管理规定》等相关规定和部分章节，结合公司系统各单位管理经验和使用过程中发现的各类问题，从工作票的填写、使用、评价、记录、考核等方面，对营销作业票的管理考核规定方面的内容进行阐述。

由于营销现场作业环境差异大，电网及用户配电设施情况复杂，营销作业人员及用户电气人员专业知识及技能参差不齐，相关人员在引用本章节时，应以现场勘察为基础，结合作业人员的实际安全技能，按照《国家电网有限公司营销现场作业安全工作规程（试行）》和公司有关安全管理制度规定的要求，加强作业现场风险辨识与控制，落实安全措施，保障营销作业安全。

第一节　工作票管理规定

工作票管理制度是《营销安规》的重要组成部分，是保障电力现场作业安全的重要安全组织措施和制度保障。营销作业人员在电气设备上工作应按《国家电网有限公司营销现场作业安全工作规程（试行）》和公司相关制度规定使用工作票，严禁无票作业。本节介绍了电力营销作业票的一般管理规定，对工作票执行使用过程的规范性、内容的严谨性、应用的条件和注意事项做了具体阐述，指导作业人员在正确规范使用工作票，保障作业安全。

一、工作票执行

工作票执行应履行勘察、填写、签发、许可和终结手续。现场作业原则上应使用数字工作票。严禁无票作业或使用派工单、申请单、联系单、口头命令等替代。

（1）现场勘察应由该项作业工作票签发人或工作负责人组织，工作负责人、设备运维管理单位（用户单位）和检修（施工）单位相关人员参加。涉及多专业、多部门、多单位的作业项目，应由项目主管部门、单位组织相关人员共同参与。现场勘察与开工间隔最长不得超过十五天；若开工时距离勘察超过十五天，应重新组织现场勘察。

（2）现场勘察后，现场勘察记录应送交工作票签发人、工作负责人及相关各方，作为填写、签发工作票等的依据。

（3）工作票由工作负责人或工作票签发人填写。

（4）工作票应提前送达设备运维管理单位。

1）配电第一种工作票、非营销作业的配电第二种工作票、低压工作票和需要运维人员操作设备的配电带电作业工作票，需至少在工作前一天送达设备运维管理单位（包括信息系统送达）。

2）营销作业的配电第二种工作票、低压工作票、营销工作票可在进行工作的当天交给工作许可人。

（5）工作票应由工作票签发人审核，手工或电子签发后方可执行。工作票执行前，应由工作票签发人审核，手工或电子签发。审核不通过的退回至工作票填写人员，重新履行签发手续。承、发包工程，工作票应实行"双签发"。签发工作票时，双方工作票签发人在工作票上分别签名，发包方工作票签发人对工作票上所填工作任务的必要性、安全性和工作票上所填安全措施的正确完备负责，承包方工作票签发人对派出的工作负责人和工作班人员是否适当和充足负责，对其他安全措施负责。

（6）如在原工作票的停电及安全措施范围内增加工作任务，应由工作负责人征得工作票签发人和工作许可人同意，并在工作票上增填工作项目。若需变更或增设安全措施，应填用新的工作票，并重新履行签发、许可手续。

（7）所有工作票均应履行许可手续，许可方式包括当面许可、电话许可或电子信息许可。

1）工作许可前，调控和设备运维管理单位、配合停电线路采取的安全措施[包括停电措施、所有（可能）来电侧及防感应电的接地线装设等]应全部完成，为工作班组提供安全的现场作业环境。工作班自行增设的接地线应在工作许可后执行。

2）使用同一张工作票依次在不同工作地点转移工作时，若工作票所列的停电、接地等安全措施随工作地点转移，则每次转移均应分别履行工作许可手续。

（8）进入变电站（发电厂）和用户侧作业，许可手续应为以下几点。

1）需要进入变电站（发电厂）进行配电架空线路（穿墙套管外侧的线路）、电缆出线（含电缆终端）工作，分别经配电设备运维管理单位和变电站（发电厂）设备运维管理单位的工作许可人许可。

2）用户侧营销现场作业，执行工作票"双许可"制度，由供电方许可人和用户方许可人共同对工作票或营销工作票进行许可。用户侧用电检查（反窃查违）现场作业由供电方许可人许可后，即可开展相关工作。

3）用户侧设备检修，由用户方许可人进行许可。需电网侧设备配合停电时，应得到用户停送电联系人的书面申请，经批准后方可停电。在电网侧设备停电措施实施后，由电网侧设备的运维管理单位或调度控制中心负责向用户停送电联系人许可。

（9）一张工作票工作任务较多、工作地点分散时，应设多个工作小组，使用配电工作任务单。

1）工作任务单应在工作负责人对小组负责人完成安全交底后再履行许可手续。

2）工作任务单中安全措施应与工作票保持一致。

（10）工作负责人在同一时间只能执行一张工作票。如遇工作间断，工作负责人在办理相关手续后可以执行其他工作票。

（11）工作如需延期，工作负责人应提前向工作许可人提出延期申请，提前时间应能够保证申请手续按程序顺利进行（包括有关设备操作、方式安排以及通知用户等）。

（12）工作终结报告方式包括当面报告、电话或电子信息报告。

1）工作任务完成后，工作班应确认工作的配电设备和配电线路的杆塔、导线、绝缘子及其他辅助设备上没有遗留个人保安线和其他工具、材料，查明全部工作人员确已从线路、设备上撤离后，再命令拆除工作班自行增设的接地线，在工作票上记录并履行终结手续，现场安全措施仅保留开工前工作许可人向工作负责人交接的状态。调控和设备运维管理单位、配合停电线路采取的安全措施应在工作终结后拆除。

2）多个小组工作，工作负责人应得到所有小组负责人工作结束的汇报，待所有工作任务单全部结束并收回后，方可认为工作结束。

3）使用同一张工作票依次在不同工作地点转移工作时，若工作票所列的停电、接地等安全措施随工作地点转移，则每次转移均应分别履行工作终结手续。

二、工作票相关人员管理要求

（1）工作票签发人、工作负责人、工作许可人、专责监护人的基本条件应满足《营销安规》要求。小组负责人基本条件参照工作负责人执行。用户侧作业，高压用户方许可人由用户具备资质的电气工作人员担任，也可由用户委托承装（修、试）用户设备的施工方具备资质的电气人员担任。

（2）所有作业人员应接受安全教育培训，并经考试合格后方可从事现场作业。特种作业人员、特种设备作业人员应持国家相关机构颁发的有效证件。

（3）劳务分包人员不得担任工作票签发人、工作负责人、工作许可人，可担任小组负责人。

（4）一张工作票中，工作票签发人和工作许可人不得兼任工作负责人。

（5）承、发包工程，承包方的工作票签发人、工作负责人名单应事先向发包方备案。

三、工作票使用注意事项

（1）以下情况可使用一张变电第一种工作票：

1）同一变电站内，全部停电或属于同一电压等级、位于同一平面场所、同时停送电，工作中不会触及带电导体的几个电气连接部分上的工作。

2）同一高压配电站、开关站内，全部停电或属于同一电压等级、同时停送电、工作中不会触及带电导体的几个电气连接部分上的工作。

（2）以下情况可使用一张变电第二种工作票：同一变电站内在几个电气连接部分上依次进行不停电的同一类型的工作。

（3）以下情况可使用一张配电第一种工作票：

1）配电变压器及与其连接的高低压配电线路、设备上同时停送电的工作。

2）同一天在几处同类型高压配电站、开关站、箱式变电站、柱上变压器等配电设备上依次进行的同类型停电工作。同一张工作票多点工作，工作票上的工作地点、线路名称、设备双重名称、工作任务、安全措施应填写完整。不同工作地点的工作应分栏填写。

（4）以下情况可使用一张配电第二种工作票：

1）同一电压等级、同类型、相同安全措施且依次进行的不同配电工作地点上的不停电工作。

2）同一高压配电站、开关站内，在几个电气连接部分上依次进行的同类型不停电工作。

（5）对同一天、相同安全措施的多个低压营销作业现场的工作，可使用一张低压工作票。

（6）工作负责人应提前知晓工作票内容，并做好工作准备。用户侧营销现场作业时，供电方作业人员应会同用户检查现场所做的安全措施，对具体的设备指明实际的隔离措施，证明检修设备确无电压。

（7）工作许可时，工作票一份由工作负责人收执，其余留存工作票签发人或工作许可人处。工作期间，工作票应始终保留在工作负责人手中。

（8）在原工作票的停电及安全措施范围内增加工作任务时，应由工作负责人征得工作票签发人和工作许可人同意，并在工作票上增填工作项目。若需变更或增设安全措施，应填用新的工作票，并重新履行签发、许可手续。

（9）变更工作负责人或增加工作任务，若工作票签发人和工作许可人无法当面办理，应通过电话联系，并在工作票登记簿和工作票上注明。

（10）第一种工作票，应在工作前一天送达设备运维管理单位（包括信息系统送达）；通过传真送达的工作票，其工作许可手续应待正式工作票送到后履行。第二种工作票、低压工作票可在进行工作的当天预先交给工作许可人。

（11）工作票的有效期，以批准的计划工作时间为限。批准的计划工作时间为调度控制中心或设备运维管理单位批准的开工至完工时间。

（12）办理工作票延期手续，应在工作票的有效期内，由工作负责人向工作许可人（运维负责人）提出申请，得到同意后给予办理；不需要办理许可手续的配电第二种工作票，由工作负责人向工作票签发人提出申请，得到同意后给予办理。

（13）工作票只能延期一次。延期手续应记录在工作票上。

（14）已终结的工作票、现场勘察记录至少应保存 1 年。

第二节　评　价　与　考　核

作业票的考核和评价是整个工作票制度执行的重要一环，作业票合格率是作业票规范填写和执行的直观体现，对作业票合格率的考核是落实工作票执行监督工作的有力保障。本节根据《国家电网有限公司营销现场作业安全工作规程（试行）》和相关制度，参照《电力工作票管理实施办法》（变电、线路、配电部分）相关规定，阐述了电力营销作业票的评价考核的常用办法，对营销作业票的统计规则、作业票合格率评价依据的计算方法进行表述，对不合格的作业票加以说明定义。

一、考核统计说明

（1）合格的工作票份数，应从统计的工作票份数减去不合格工作票份数。工作票填写不符合本规定或执行中不符合《营销安规》等规定，均统计为不合格份数。

（2）工作票的统计与考核，均以纸质工作票为准（走电子工作票流程的工作，纸质票可从营销专业相应的系统导出票据为依据）。

（3）工作票由收存单位考核保管。

（4）工作票附页纳入本工作票进行统计考核。

二、不合格工作票

（1）工作内容与所使用的工作票种类违反《营销安规》《配电安规》等国家电网有限公司有关制度要求。

（2）工作票中出现未经书面批准的工作票签发人、工作负责人、 工作许可人。

（3）未用黑色或蓝色的钢（水）笔或圆珠笔填写（电子工作票走线上流程的参照相关规定执行），填写字迹潦草、模糊不清，修改安全措施栏内容、时间、人数、签名和设备命名等关键字，修改超过 3 处。

（4）不按规定使用术语填写。

（5）不按规定统一编号。

（6）未填写工作负责人、工作班成员的姓名和总人数，票面人数与实际参加工作人数不符。

（7）工作内容不明确、工作地点不确切。

（8）安全措施填写不正确、完备，简图表示不符合要求。

（9）所列接地线未注明接地线编号和组数。

（10）保留带电部分及其他安全措施与注意事项，未按实际情况进行说明。

（11）不按规定进行交底或工作票所列成员未确认签名。

（12）不按规定办理工作负责人变更、工作人员变动、工作许可、工作票延期、工作间断和工作终结等手续。

（13）不按规定盖章。

（14）一个工作负责人同时执行二张及以上工作票。

（15）工作时间超出计划工作时间（含工作票延期时间）。

（16）出现其他不符合相关规定的情况。

三、工作票合格率计算方法

$$月度工作票合格率 = \frac{本月已执行合格票数}{本月应执行的总票数} \times 100\%$$

注：本月应执行的总票数＝本月已执行的合格票数＋本月已执行的不合格票数＋本月已执行的没有收回票数＋本月应开而未开的票数。

四、工作票考核评价

单位（工区、班组）应每月做好工作票的审核、统计、考核和评价工作并加盖"合格"或"不合格"章，对不合格的工作票要注明原因，每月公布工作票的检查、考核情况，单位（工区、班组）安监部门每月应对班组已执行工作票进行抽查、考核，对工作票合格率进行通报，提出存在问题及改进意见，兑现奖罚考核，组织必要的培训考试，督促闭环整改。